#Raka no Divã

RAQUEL MINELLI

#Raka no Divã

astral
cultural

Este livro foi revisado segundo o Novo Acordo Ortográfico da Língua Portuguesa.

Editora responsável Tainã Bispo
Produção editorial Aline Santos, Karen Barbarini, João Paulo Fernandes/ Colaborador, Luiza Marcondes e Natália Ortega
Fotos Vinícius Mochizuki
Agradecimentos Adriana de Bossens e Samantha Szczerb

Dados Internacionais de Catalogação na Publicação (CIP)
Angélica Ilacqua CRB-8/7057

M615r Minelli, Raquel
#Raka no divã / Raquel Minelli. — Bauru, SP : Astral Cultural, 2017.
160 p. : il.

ISBN: 978-85-8246-495-3

1. Mulheres - Autoestima 2. Maternidade 3. Mulheres – Identidade 4. Autoconfiança 5. Relações humanas I. Título

17-0139

CDD 158.1

Índice para catálogo sistemático:
1. Autoestima 158.1

Astral Cultural é a divisão livros da Editora Alto Astral.

BAURU
Rua Gustavo Maciel, 19-26
CEP 17012-110
Telefone: (14) 3235-3878
Fax: (14) 3235-3879

SÃO PAULO
Rua Gomes de Carvalho 1507, conj. 91, bloco B
CEP 04547-005
Telefone/Fax: (11) 3048-2900

E-mail: contato@astralcultural.com.br

Dedico este livro ao maior amor da minha vida, à pessoa que me inspirou muito em cada palavra escrita aqui... ao meu amor maior, minha bala de coco, meu filho, Davi.

Agradecimentos

Agradeço à mulher que me ensinou tudo o que sou hoje, à mulher que me ensinou a ter caráter e a correr atrás dos meus objetivos sem passar por cima de ninguém. À mulher que tenho muito orgulho de chamar de mãe por toda a sua trajetória e conquistas na vida. Uma mulher que soube levantar a cabeça nos momentos de dificuldade e que luta até hoje, dia após dia, para viver com dignidade sem nunca deixar de olhar para o próximo.

Agradeço ao meu pai por sempre estar ao meu lado, me incentivando e me apoiando nas minhas ideias mais loucas. Com um jeitão todo especial de ser, se torna presente mesmo não estando fisicamente... Para ele não tem tempo ruim e sei que onde quer que eu esteja, ele será sempre o primeiro da fila, me aplaudindo de pé. Meu maior fã, meu maior amigo! Obrigada por tudo...

Agradeço à minha irmã pela força, pelo ombro amigo e por ser essa dinda incrível para meu filho. Tenho orgulho da mulher e profissional que se tornou!

Agradeço a Edjane, uma pessoa que entrou em minha vida não faz muito tempo, mas que foi um anjo em todas as vezes que precisei. Uma pessoa que convive comigo quase todos os dias, com a qual posso contar a qualquer momento e em quem confio de olhos fechados. Uma pessoa que faz parte da minha vida e da do meu filho, e que, mesmo não sendo da família, se tornou tão essencial quanto se fosse.

Agradeço às minhas migas "4ever" pelos anos de amizade, por me apoiarem todos os dias e estarem ao meu lado em cada escolha de minha vida.

Agradeço a Evelyn Regly, uma pessoa que se tornou uma grande amiga além desse mundo virtual, estando sempre presente e compartilhando comigo as conquistas e as tristezas. Uma grande incentivadora do meu trabalho como youtuber, que faz com que eu nunca desista.

Não poderia deixar de agradecer a Ana Jacobs e Dani Sanches, duas pessoas que sempre acreditaram no meu potencial, e que além de serem algumas das responsáveis por esse projeto, se tornaram grandes amigas.

E, finalmente, aos meus seguidores e fãs, os maiores incentivadores desse meu mundo virtual. Com certeza sem eles nada disso estaria acontecendo, muito menos este livro. São eles que diariamente estão lá, conectados, sempre com uma palavra de carinho, ficando felizes com cada conquista em minha vida. Um "obrigada" é pouco para expressar o sentimento de gratidão que tenho por vocês!

Dave

Oi, galera!!!

Tudo bom com vocês? Nossa, quem diria que um dia eu escreveria sobre os assuntos de que tanto falo em meus vídeos, mas agora no papel, no meu próprio livro. Nossa, MEU livro, rsrs. Chega até a soar engraçado, com um sentimento de felicidade misturado com um toque de ansiedade e medo. Algo novo e inexplicável. Pois é, mais uma conquista — não posso deixar de considerar como uma conquista — que veio como consequência de algo que há anos começou como um hobby. Tantas histórias, tantas experiências, tantos desabafos em vídeos, e que hoje posso compartilhar aqui, através de cada palavrinha que você lerá no decorrer deste livro. Mas, antes que continue as próximas páginas, saiba que esta obra não se trata apenas de uma biografia. Ela conta também algumas de minhas experiências, lições e aprendizados que vivenciei em minha vida e que tenho certeza de que muitas aí se identificarão. Trata-se de levar uma mensagem de força, autoestima, coragem e de amor-próprio para todas vocês. E, fala a verdade, tem coisa mais importante do que isso na vida? Acho que não, né?

Lançar este livro foi um grade desafio para mim. Poder conversar de um jeito diferente do que eu faço nos vídeos foi muito especial, principalmente quando trato de um assunto que de certa forma mudou a minha vida, que foi a maternidade. Com este livro, queria que vocês pudessem ter um conselho meu ou um pedacinho de mim na sua cabeceira, ao lado da cama, para poder ler quando se sentissem sozinhas ou quisessem uma palavra de apoio, sabe? Tipo aquele ombro amigo que você precisa nas horas mais inusitadas para rir ou chorar um pouco. Pode me considerar assim, rs.

No decorrer da leitura, espero que você se emocione assim como eu me emocionei ao escrever cada palavra que está aqui. E, olha, tem lágrimas minhas em quase todos os capítulos — nos que eu falo do Davi, meu filho, foi um chororô só!

Enfim, este livro é um bate-papo, uma troca de experiências entre nós. Não estou aqui para ditar regras, falar como cada mulher pode ou deve lidar com a vida, com a maternidade, com o casamento, com o namorado, com o filho... Quem me acompanha sabe que eu não sou disso! Estou aqui para ajudar vocês a perceberem o valor que cada uma tem, a beleza que cada uma exibe e a felicidade que todas nós podemos e devemos ter.

Agora, vem se divertir e se emocionar comigo!

Sumário

Quem é Raka?

Criança agitada, que corria
pela rua. Menina vaidosa,
pra não falar perua.
Adolescente trabalhadora e
esforçada. Recepcionista de
eventos, vendedora,
diagramadora, capista,
designer de joias, youtuber...
Sou um pouco de tudo isso.

Para começar, quero explicar um pouco sobre a minha trajetória até o momento em que criei o meu canal no YouTube, porque muito do que aconteceu no meu passado, desde a minha infância à minha juventude, fez toda a diferença para moldar a pessoa que sou hoje.

Eu tive uma infância muito boa, grande parte dela na casa da minha avó Ilza, quando na época ainda se tinha a liberdade de brincar até altas horas na rua, sem a preocupação de voltar para casa cedo. Era pega-pega, brincadeira do elástico, queimada, pique-esconde e tantas outras mais, tudo com os pés descalços e com a molecada toda da rua. Fui daquelas que viajava em família e passava o Natal com a casa cheia, ao lado do avô João e de todos os meus tios e primos. Éramos a típica família italiana, barulhenta e cheia de amor. Uma delícia! Mas com a morte do meu avô, a casa foi esvaziando, os encontros foram diminuindo, cada um foi para um canto e aí a família encolheu.

Hoje tenho ao meu lado apenas meus pais e minha irmã, que, junto com o meu filho, formam meu grande porto seguro. Sabe aquelas pessoas que você pode contar para tudo na vida? Então, são eles! Mas, mesmo recebendo todo amor do mundo deles, eu ainda sinto falta da bagunça, da casa lotada de gente, dos primos correndo, dos tios cozinhando, das crianças fazendo aquela zona gostosa e todo mundo berrando. Queria que o Davi crescesse dessa forma e tivesse essa referência familiar, que foi a mesma que tive quando criança, entende? Mas a gente bem sabe que nem tudo nessa vida é como a gente quer e o importante é que meus pais e minha irmã — que é dinda do meu filhote — estão sempre presentes na vida do Davi, enchendo (e muito!!!) ele de beijos e de amor.

Trabalho precoce

Comecei a trabalhar bem cedo, aos 16 anos, durante umas férias, meio que contra a vontade dos meus pais. Nessa época já tinha uma sede enorme por independência. Queria ganhar meu dinheirinho, mesmo sabendo que não seria muito. O que valia para mim era a experiência. Foi aí que tive a ideia de trabalhar como vendedora na temporada de Natal em uma loja no shopping. E não teve moleza, não! Quem aí já trabalhou como temporária em época de fim de ano sabe que é muita ralação. Como estava sem aulas, eu chegava cedo à loja, às oito da manhã, e nos fins de semana só saía de lá perto da meia-noite. Trabalhava muito, não porque realmente precisava do dinheiro — claro, nós nunca fomos ricos, embora nunca tivesse faltado nada em casa —, mas porque sentia a necessidade.

Meu pai não gostava muito, brigava comigo. "*Menina, você tem é que estudar*", ele falava. Ele insistia nessa ideia, achava que o fato de eu querer trabalhar pudesse me desconcentrar dos estudos, mas eu não queria nem saber. Sempre fui muito de bater o pé e correr atrás daquilo que queria, mesmo que fosse contra a vontade dos meus pais. No fundo, no fundo, queria que eles tivessem orgulho de mim. Mal sabia eu que só o fato de tirar boas notas já os deixava orgulhosos. Mas eu queria mais. Queria ser independente.

Nunca gostei de pedir nada para ninguém, me sentia meio mal com isso. Achava que tinha que conseguir as coisas com o meu esforço. Sempre achei que meus pais não tinham obrigação de fazer nada por mim e, por isso, busquei o meu próprio espaço desde muito nova. Para mim valeu a pena, comecei a dar mais valor às coisas e até hoje não tenho costume de esperar nada cair do céu. Acho que sempre fui meio adultazinha para a minha idade, sabe?! Tinha mania de defender meus pais para tudo e todos, até mesmo quando minha irmã, que é mais velha do que eu, tinha atitudes imaturas — desculpa, mana, mas acontecia com frequência, rsrsrs. Eu meio que me tornava a mãe da minha irmã, sabe? Se ela não lavava a louça, já ia eu lá dar esporro nela, pois não admitia que a minha mãe o fizesse. Afinal, tínhamos que ajudar de alguma forma. Tá, eu meio que exagerava e acabava até sendo chata... Eu confesso, rs, mas foi através dessa qualidade ou defeito — ainda não sei bem definir — que aprendi a ver o mundo de outra forma.

E assim fui levando até os meus dezessete anos, quando foi a hora de eu entrar na faculdade. Tenho que confessar também que nunca fui muito de estudar, de sentar na cadeira e ficar ali, por horas lendo, escrevendo — escrever esse livro está sendo uma superação enorme, uma prova de que a gente pode fazer qualquer coisa se persistir! Não que eu fosse desleixada com os estudos. Nunca repeti um ano, mas minha mãe sempre achava que eu passava raspando em algumas matérias, rs.

Era complicado. Tenho desvio de atenção e, por isso, na hora dos estudos acabava me desconcentrando demais com qualquer coisa. Era a tv ligada, conversa pelo telefone ou até mesmo o barulho de uma mosca voando. Nossa, só de lembrar me dá até um nervosinho, rsrs. Eu não conseguia me concentrar! E por mais que eu estudasse, nunca conseguia decorar direito determinadas matérias de humanas, sempre gostei mais de ciências exatas, sabe?! Eu me lembro da minha mãe me obrigando a fazer cópias. Eram páginas e páginas de cópias — para quem não sabe o que é isso, ela me dava uma revista ou um livro, e mandava eu copiar tudo o que estava escrito. Lembra, mãe?! Eu odiava! Já minha irmã era exatamente o contrário, passava praticamente um dia inteiro — não é exagero — com a cara nos livros. Ela sempre foi a estudiosa e eu a que deu os cabelos brancos que minha mãe tem hoje, rsrsrs. Mas agora, aflorando meu lado sentimental aqui, não tem como não ter orgulho da irmã que tenho, que foi capaz de passar entre os três primeiros lugares em vários concursos. Muito orgulho dessa maninha!

Já eu sempre fui muito mais ligada às artes, ao trabalho manual. Desde pequena, gostava de desenhar, pintar quadros, fazer colagens nas capas dos meus cadernos e fichários, dando sempre o meu toque às coisas. Tinha uma pegada mais artística e talvez por esse motivo acabei parando na faculdade de Desenho Industrial. Confesso que antes cogitava a possibilidade de fazer Direito. Talvez por meus pais serem formados nesse curso e pelo fato de eu querer defender quem era injustiçado — como se direito fosse só isso, né? Rs —, mas eu tinha noção que não daria conta do quanto o curso exige em termos de estudo. Temos que ser realistas, né?

Bom, ser designer fazia mais sentido e acabei gostando bastante do curso. Tive a possibilidade de usar a minha criatividade de várias formas, foi incrível! Ah, e foi lá que tive a possibilidade de achar o que realmente queria da vida. Fiz uma matéria eletiva de design de joias e me encantei. Eu era muito vaidosa — na verdade, sempre fui meio perua — e completamente apaixonada por acessórios desde muito pequena. Enquanto a minha irmã juntava o dinheiro da mesada, eu pegava cada centavo e gastava em brincos — aqueles bem baratinhos, de camelô — e comprava roupas em lojas populares. Sempre fui muito assim, de investir em quantidade e não em qualidade. E, como tinha esse lado mais vaidoso, eu até exagerava: colocava brinco, cordão, anel, tudo junto, sabe? Isso desde pequenininha. Parecia uma árvore de natal, como minha mãe dizia! Rs! A verdade é que eu amo esse universo feminino: a gente poder se cuidar, ter mil acessórios, ter diversas opções de estilo, de maquiagem... Nunca na vida que queria ter nascido homem, rs! Então, imagine esse tipo de mulher, completamente perua, em uma matéria de design de joias?

Pois é, me apaixonei à primeira vista. Era um mundo que eu pouco conhecia e sobre o qual sempre tive muito interesse. A paixão foi tanta que depois da faculdade eu decidi me especializar ainda mais nisso e fiz um curso específico de ourivesaria. O curioso é que as pessoas encaram a ourivesaria como uma profissão mais masculina, por acharem que se trata de um trabalho bruto e um tanto quanto perigoso devido às ferramentas pesadas, que exigem certa força e cuidado. Mas, ao contrário do que muitos pensam, nunca fui muito delicada e para mim não tinha tempo ruim, metia a mão na massa mesmo. Nossa, nem sei quantas vezes tive os dedos queimados pelo fogo do maçarico ou me machuquei marretando o metal... Mas eu estava muito feliz com o meu trabalho e nada disso me fez desistir daquela paixão que havia me conquistado. A sensação de construir uma joia com as minhas próprias mãos não tinha preço.

Mas, voltando ao assunto inicial — me perdoem, eu tenho esse costume de sair do assunto às vezes, rs — você se lembra de que sempre fiz questão de trabalhar para poder ter as minhas próprias coisas? Na faculdade, não foi diferente. Quando dava, eu trabalhava como recepcionista de eventos. Sim, era aquela pessoa que ficava horas em pé com o sorriso estampado na cara, sabe? O dinheiro era pouco, mas era meu, e isso era o que mais importava. Também trabalhei como estagiária em um escritório e, por fim, fui vendedora por uns bons anos, onde tive uma experiência incrível. Como me comunicava bem, tive a oportunidade de trabalhar em várias lojas, conheci muitas pessoas. E, entre as aulas e o trabalho, ainda arranjava um tempinho para fazer bijuterias com as peças que comprava. No começo, fazia apenas para eu usar, mas depois algumas amigas e conhecidos que gostaram das peças começaram a pedir também. Nesse período, cresci muito — tanto como pessoa quanto como profissional — sempre evoluindo em busca do melhor.

Meu último emprego com carteira assinada, ainda na faculdade, foi em uma editora de livros. Não é à toa que cuidei de cada etapa e detalhe deste livro que está em suas mãos com muito carinho. Escolhi cada fonte que tem nestas páginas, as fotos e palpitei em toda a diagramação do livro. Foi e está sendo muito especial poder compartilhar com vocês mais esse lado da minha carreira de designer. Espero que vocês gostem.

Mas eu estava falando de como consegui entrar na editora de livros, né? Olha, já te adianto: não foi fácil. Tive que batalhar pelo emprego! O cargo era para diagramadora e eu nem sabia como mexer no programa que eles usavam para produzir os livros, o Quark. Nunca tinha nem ouvido falar, nem na faculdade, mas encarei a entrevista e a prova prática. Quem nunca, né? No teste, bem na minha vez de mostrar que sabia usar o tal do programa e diagramar o livro, o computador teve uma pane e desligou. Ufa! Salva pelo gongo! O cara que estava me entrevistando não teve outra opção e disse: "*vem amanhã então pra fazer o teste*". Nessa hora eu mostrei a minha sinceridade e respondi: "*olha, não sei mexer direito no programa, mas se você me ensinar, em uma semana eu aprendo*". Eu estava determinada! Saí dali, fui a uma livraria, comprei uma bíblia do Quark e estudei muito em casa — porque sou dessas, quando quero, eu me dedico pra valer. No dia seguinte, fiz o teste. Não me escolheram de início, mas em um belo dia me ligaram, me chamando: "*Ó, você se lembra do teste que fez aqui na editora? Então, tá a fim?*". Claro que eu estava! Ponto pra Raka!

E foi assim que comecei a trabalhar na empresa como diagramadora. E foi muito bom. Uma experiência única onde pude me dedicar de corpo e alma, pois eu amava o que fazia. E como aprendo muito rápido, as pessoas adoravam o meu trabalho. Sempre fui muito elogiada, o que é bastante motivador em uma carreira. Acho que, se quisesse, estaria lá até hoje, porque a troca que eu tinha com a equipe sempre foi muito boa. Depois de um tempo, a capista da empresa saiu e eu me ofereci para a vaga. Afinal, se eu podia fazer os livros, também era capaz de fazer as capas. Era uma oportunidade ótima de colocar em prática o que eu havia aprendido na faculdade de Desenho Industrial.

Nasce um canal

Mas você acha que eu abandonei a minha paixão por design de joias? Imagina! No meio de todo esse turbilhão, comecei a fazer peças para mim e, nessa mesma época, criei o canal no YouTube. Para vocês verem como nada acontece por acaso: eu abri o canal do nada, sem muitas pretensões. Na internet, costumava assistir a uma mulher que ensinava e dava dicas de maquiagem, outra coisa pela qual sou apaixonada. Fiquei ainda mais vidrada nesse universo de makes depois que descobri como comprar produtos incríveis fora do Brasil a custo muito baixo. Fiquei louca com os preços e a variedade e acabava comprando toda semana coisas em sites lá de fora, rs.

E foi assim que comecei a fazer vídeo. Isso porque, para saber se os produtos eram bons mesmo, ver a cor e a qualidade deles, assistia aos vídeos das outras meninas. A maioria era gringa, já que poucas brasileiras faziam esse tipo de conteúdo na época. Então, quando os produtos chegavam de fora, eu sentia vontade de mostrá-los para quem também gostava, fazer uma resenha. E foi aí que começou. No meu primeiro vídeo, eu apenas falava dos produtos e depois fiz um para mostrar como me maquiava. Eu sempre me maquiei diariamente, e por mais que não soubesse todas as técnicas que sei hoje, as pessoas já gostavam dos meus vídeos.

No canal, usava as joias que eu mesma fazia e muita gente gostava do que via em mim. Começaram a me perguntar onde eu tinha comprado os brincos, onde havia comprado o anel, o cordão, a pulseira... Fui percebendo o interesse das seguidoras no meu trabalho como designer e resolvi fazer um vídeo falando que era eu mesma quem fazia as joias. Pronto! Foi aí que uma nova carreira se abriu para mim. Passei a receber vários e-mails de gente querendo encomendar peças e, então, aproveitei essa oportunidade única e entrei de cabeça nesse mercado. De segunda a sexta, trabalhava até às seis da tarde na editora e aí ia para casa, gravava vídeos e ia para a bancada criar as minhas joias, fazendo peças sob encomenda. Ufa! Foi cansativo, mas eu adoro me lembrar disso, porque uma das coisas que mais amo nesse mundo é criar minhas próprias peças. Ainda quero crescer muito nessa área!

Só que, com tanto trabalho na editora e em casa, chegou uma época que eu não estava mais dando conta dessa rotina, porque passava meu final de semana inteiro trabalhando. Não tinha vida! Nessa fase, comecei a namorar meu ex-marido, que me incentivava bastante com meu trabalho como designer de joias. Um belo dia ele me falou: "*cara, larga tudo*", e eu comecei a cogitar essa ideia. Mas ó, confesso, não foi nada fácil. Bate um medinho de ser autônoma, de não ter férias, de não ter 13º, de não ter salário todo mês, sabe? Sempre fui muito medrosa em relação a comércio. Mas vi potencial ali, no meu trabalho em casa, sabia que poderia dar certo. Mais uma vez, me enchi de coragem e me joguei nesse sonho: pedi para sair da editora para poder me dedicar às joias e aos vídeos para o YouTube, que já fazia por prazer e, de certa forma, ajudavam a divulgar ainda mais meu trabalho com as joias. E olha, vou falar, apesar de tudo não me arrependo. Foi ótimo para poder crescer como designer.

O problema é que deixar meu emprego também deu início a uma fase muito difícil para mim. Acabei tendo depressão, porque eu ficava o dia todo sozinha em casa. Sentia falta de sair, me arrumar, de ter uma rotina, sabe? Foi muito complicado administrar isso tudo. E ainda tinha o casamento. Nessa época eu e meu ex-marido já estávamos planejando o casório. Eu me lembro de que parte de mim achava que isso poderia resolver um pouco essa solidão. Mas, mesmo depois que me casei, continuava me sentindo sozinha. E foi muito ruim, porque eu colocava essa carga da solidão em cima do meu ex-marido. Eu queria sair, queria ver gente, e aí comecei também a cobrar a minha família e as minhas amigas por não me ligarem, não me procurarem. Ninguém tinha culpa, é claro, mas é difícil ver isso quando você está passando pela situação.

O que me ajudou na época foi que acabei conhecendo outras meninas do Rio de Janeiro que eram blogueiras. Nós fizemos o Encontrinho das Cariocas, fomos ficando amigas e trocamos experiências para crescer cada vez mais. Ali aprendi como ganhar dinheiro em cima do blog. Foi assim que me tornei blogueira de verdade, que comecei a receber propostas, ganhar dinheiro com anúncios e publiposts.

Foi assim que um novo mundo se abriu para mim e tudo começou...

Vida real

Vencer no YouTube
depende de muito mais
que uma câmera na mão
e uma ideia na cabeça.
E, ao contrário do que
muitos pensam, essa
carreira não tem quase nada
de glamour. Tem muita
ralação e profissionalismo!

Uma coisa bem legal de eu ter começado no YouTube há bastante tempo é que não só evoluí diante das câmeras, mas vi muita gente querida crescer lá também. Sabe, quando comecei, nós não podíamos nem ser consideradas "famosas": éramos apenas um grupo de pessoas que fazia aquilo por paixão mesmo. Naquela época, ser youtuber não era profissão. Com o tempo, as coisas foram melhorando e se desenvolvendo, junto com o crescimento da internet. Tudo evoluiu de uma forma que eu não esperava. Comecei a fazer cronograma de postagens, comprei uma câmera melhor para gravar, me dedicava mais a cada edição dos vídeos e, dessa forma, eu, assim como vários do meu meio, estamos em constante evolução para trazer o melhor tipo de conteúdo para o nosso público.

Há muito profissionalismo no YouTube! Pouca gente pensa nisso, mas atrás de cada vídeo postado tem um trabalho de horas: a gente se arruma, prepara o ambiente, filma, passa o vídeo para o computador, edita e sobe pro YouTube. Ufa! Quando a equipe do canal é pequena, como no meu caso — sou só eu, né? Rsrsrs —, esse processo pode levar horas e horas, isso se você fizer questão de postar algo bem feito. Acredite se quiser, eu trabalhava muito mais do que quando estava na editora, rs.

Então não importa qual o tamanho do canal que você curte assistir, se tem 100 mil seguidores ou 10 milhões, saiba que existe muito trabalho ali, há muita dedicação do youtuber para oferecer um resultado de qualidade ao público.

Dá para perceber que não é uma vida tranquila como muita gente pode pensar, né? O fato de trabalhar em casa não significa que é tudo moleza. É necessário, sim, criar uma rotina e ter muito foco, senão tudo desanda. Rotina? É sim! O dia a dia de um youtuber tem muito em comum com o seu. Aliás, pensando bem, não tem nada de diferente da vida de nenhum de nós. Sabe, acho que quando nós vemos pessoas famosas, sejam elas do YouTube, da televisão ou de qualquer outra mídia, nós acabamos criando um universo para elas que não corresponde muito à realidade. Eu falo isso porque já vi muitas pessoas bem famosas ao vivo, e quando você vai conversar com elas, percebe que não tem só glamour. Elas são seres humanos como nós.

Sabe o que é mais legal quando a gente percebe que os famosos são pessoas como nós? É que abre a possibilidade de nós conseguirmos o que quisermos! Se o seu sonho é ser youtuber, corre atrás, amiga! Se existe uma verdade neste mundo é que todos nós começamos bem pequenininhos e fomos crescendo aos poucos, conseguindo seguidores, melhorando a cada vídeo. Se é isso que você quer, tenho certeza de que vai encontrar um espacinho na sua rotina e vai se dedicar ao máximo para conquistar seu público. É só você manter em mente que a única coisa que separa um youtuber de sucesso de alguém que não tem um canal é a tentativa!

Só me promete uma coisa: quando chegar lá, não se esqueça de ter humildade e saber olhar para o seu passado e ter gratidão por tudo o que viveu e aprendeu. Isso é algo muito importante mesmo, porque tem bastante gente que se perde quando o sucesso chega ou mesmo que se ilude com essa realidade de YouTube. Como disse anteriormente, não só no YouTube, mas em outras mídias também. Sei que é difícil pensar nisso em um primeiro momento, especialmente quando a gente vê aquelas mansões lindas, a maquiagem perfeita e os cabelos brilhantes. É claro que esse universo deixa a gente de boca aberta, inclusive eu! Mas precisamos nos lembrar de que por baixo disso tudo, depois de um bom banho, o que sobra é uma pessoa como eu e você, com defeitos, qualidades, angústias e alegrias.

Esse é outro ponto no qual eu queria tocar. Já reparou como as pessoas têm vivido cada vez mais em um mundo de aparências? Estão mais preocupadas com os carros que elas dirigem e com as roupas que vestem do que com quem elas realmente são? Estão mais encanadas em exibir corpos sarados em vez de mostrar o que elas têm na cabeça? E não estou falando de youtubers, não! Essa é uma realidade de muita gente por aí! Inclusive, tem um monte de meninada sonhando com uma vida como essa. E aí eu me pergunto, gata, pra quê? Pra se mostrar mais do que é? Pra viver em um mundo de fantasia? Pra atrair só gente interessada no que você possui? Sai dessa!

Esse mundo onde só vale quem você parece ser e não quem você é de verdade é pura ilusão. É tudo muito superficial e vazio! Não entre nessa onda, tá? Não se esqueça de que o mais importante em uma pessoa são os valores que ela possui, as atitudes que tem e a maneira como trata as pessoas que convivem com ela. Um conselho para toda a vida: não há nada mais valioso do que o caráter e o respeito pelos outros. O resto é resto...

A verdade por trás das câmeras

Sabe, sempre prezei por mostrar a minha vida como ela é no YouTube. Nunca liguei de mostrar a cara sem maquiagem ou mesmo deixei de fazer meus vídeos em um dia que eu não estivesse tão bem, porque, para mim, essa realidade "sem maquiagem e edição" faz parte desse processo de mostrar o nosso dia a dia. Nossa, quantas vezes já ouvi: *"Raka, gosto de te assistir porque me identifico com a sua vida"*; *"Adoro seu canal porque você parece de verdade!"*? Isso para mim é o máximo! Sei que muitas das minhas seguidoras se identificam comigo porque eu não tenho problema algum de contar o lado B da minha rotina, de cuidar de casa e de filho. Acho que elas se enxergam um pouco em mim, porque o nosso dia a dia é muito parecido. Elas também ralam muito para colocar comida em casa, dar conta de todas as obrigações e não abrem mão de se cuidar para lidarem com cada um desses desafios com força e atitude. Nós não temos a vida perfeita, mas fazemos questão de sorrir e agradecer por todas as oportunidades. Temos noção de cada um dos nossos defeitos, mas não podemos abrir mão de tentar melhorar todo dia. Nós somos mulheres reais, mães de verdade. Não vivemos no meio do glamour, mas não nos deixamos abater por isso.

Aqui, desse lado de cá do vídeo, eu também vou me esforçando para evoluir. Mas sem nunca abrir mão da minha personalidade e da minha vida real, porque quero que as pessoas me amem pelo que eu realmente sou, não a imagem que elas têm de mim. E sou assim mesmo: tem dias que fico trabalhando de pijama em casa sem nem pentear o cabelo e também tem aquelas fases em que eu sento na frente do espelho, ligo a câmera e arraso na maquiagem para mostrar o melhor de mim para o mundo.

A verdade é que nunca fingi viver uma vida diferente da minha. Se você acompanha meu canal há algum tempo, sabe que passo por vários perrengues, às vezes gravo com a casa bagunçada, mas faz parte, né? Quero que meus seguidores vejam as minhas batalhas, porque assim, quando eu tiver uma vitória, eles podem se identificar e pensar: "*Também pode dar certo comigo*". Quero inspirar as pessoas a acreditarem que a vida delas pode evoluir e melhorar. Se eu conseguir plantar essa ideia em cada uma de vocês, podem ter certeza de que meu maior objetivo como youtuber já foi realizado.

Conversa comigo, gente!

É engraçado que às vezes eu encontro com algumas leitoras na rua ou nos encontrinhos e elas ficam meio assim de vir falar comigo, sabe? Não sei exatamente por qual motivo, se é medo, se é a minha cara, rsrsrs. Só sei que acontece de elas terem medo dessa aproximação. Mas, gente, juro, eu amo conhecer vocês pessoalmente! Por favor, se me virem na rua, venham falar comigo! Fico muito feliz quando posso ver cada um dos rostinhos virtuais que me acompanham no dia a dia se tornarem reais. Tem dias que eu estou com o cabelo desgrenhado, sem maquiagem, mas não tenho o menor problema com isso, viu? Pode vir falar "oi", combinado?! E não repara porque gosto de abraçar e beijar, rs. Essa é a melhor parte do meu trabalho, o carinho que recebo de vocês, sem falar na oportunidade que tenho de conhecer tanta gente incrível dessa forma. E, pode perguntar para quem já trombou comigo na rua, sou exatamente a pessoa que aparece nos vídeos, um tanto quanto doida, mas bem divertida, rsrsrs. E ó: sem cerimônias, tá? Não tenho frescura para nada. Sempre falo isso quando faço palestras ou encontro as pessoas.

Aliás, teve uma época na minha vida, bem no comecinho dos vídeos, que eu tentava passar uma imagem mais profissional, sabe? Falava de um jeito menos natural, ficava lá toda séria, rs. Aí as pessoas que convivem comigo no dia a dia começaram a estranhar esse meu comportamento, porque sou muito espontânea, alegre. Foi aí que me liguei que eu não precisava forçar um comportamento para as pessoas gostarem de mim no YouTube. Então comecei a fazer os vídeos do jeito que sou, falando bobagem, rindo muito e, se errava, não tinha problema. As pessoas gostam disso, dessa realidade. E eu gosto de fazer o que deixa meus seguidores felizes.

Ah, mas é claro que todo mundo tem dias ruins, viu? Não que isso justifique a grosseria de alguém, mesmo de um famoso, muito pelo contrário. Mas tem dias que por mais que você se esforce, não dá para ser a miss simpatia. Todo mundo tem momentos assim, né? E até por isso acho que nós temos que pensar um pouco no outro também, porque, por mais que achemos que a vida dele é perfeita por causa da fama e do dinheiro, ele pode estar passando por uma barra, uma tristeza muito grande, e também tem o direito de ficar quietinho no canto dele quando quiser. Sei que a gente, como fã, fica um pouco frustrado nesse momento, mas podemos tentar, não é?

Nossa, isso ficou muito profundo. Desculpe, gente, eu me empolgo muito com isso, porque é um assunto que me faz lembrar de toda a minha trajetória até aqui, que não foi fácil, mas foi muito gostosa. E, para ir além nessa história, eu preciso contar um pouco mais sobre o ponto alto da minha trajetória...

...quando eu dei vida a um
príncipe chamado Davi.

A surpresa da maternidade

A gestação me transformou
em uma pessoa que nunca
pensei que pudesse ser.
Eu me descobri uma nova
mulher, mais forte, corajosa
e muito determinada a ser o
melhor exemplo possível
para o meu filho.

Tem gente que sonha em ser mãe desde criança e se imagina com o bebê nos braços desde muito cedo. Você deve conhecer alguém assim, né? Eu nunca fui uma dessas pessoas, não. Na verdade, eu nunca me vi realmente como mãe até poucos segundos antes de descobrir que estava grávida. Loucura isso, né? É claro que eu imaginava que pudesse ter filhos no futuro — para quem não sabe, na época eu estava casada —, mas nós sempre acabávamos deixando para depois. Sabe como é, né?

A gente, como tantos casais por aí, buscava o equilíbrio profissional, financeiro, além de uma estabilidade em nossa rotina. E, para falar a verdade, nem falávamos muito sobre filhos. Ainda era um plano muito distante em nossa vida e não tínhamos pressa em realizá-lo. Qualquer amiga que me perguntasse quando que eu iria engravidar, sempre respondia com um "*Você tá doida? Imagina eu com filho nesta altura do campeonato?! É loucura!*". Eu sempre repetia isso com a maior convicção do mundo. Alguém mais se identificou aí?

É, minha amiga, mas a idade vai chegando e a pressão cresce, ainda mais para a mulher, com esta história de relógio biológico. No meu caso então, nem se fala... Eu já estava casada, com quase trinta anos, muitas das minhas amigas já eram mães... Tudo isso pesava, mas eu sentia que ainda não estava pronta para um passo tão importante como esse. No fundo, sempre achei que não saberia cuidar daquele serzinho tão indefeso, pensava que não poderia ser o exemplo daquela pessoinha. Eu sempre fui um tanto quanto bagunçada com a minha rotina e mal conseguia tomar conta de mim, imagina ser responsável pela vida de alguém pelo resto dos meus dias?! Confesso, eu era essa pessoa... até descobrir que estava grávida do Davi.

O melhor descuido da minha vida

Eu não sei como você é, mas, quando estou solteira ou em um relacionamento recente, não descuido da pílula. É uma neura mesmo! Mas, quando a relação está estável... no casamento... sabe como é, né? Pulava um dia ou outro na cartela. A real é que nunca imaginei que pudesse engravidar. Achava que tinha dificuldade — e nem adianta me perguntar o porquê eu pensava dessa forma, simplesmente achava e pronto. Eu estava errada, claro.

Um dia comecei a sentir cólicas muito fortes, meu peito doía muito, como se estivesse prestes a menstruar, mas nada acontecia. Havia acabado de voltar de uma viagem a São Paulo e eu tinha enjoado muito durante o voo. Bom, aí você junta o enjoo com o peito dolorido, e o que você faz? Corre para o Google. Foi o que fiz, e aí, colega, comecei a ler todas aquelas matérias que falavam de um monte de sintomas, e o pior é que vários deles eu estava sentindo. Nossa, o medo foi crescendo. Para ajudar, nada da menstruação aparecer. Aí bateu a doida em mim e eu corri para a farmácia, tinha que saber se era ou não era, né? Fui para casa, voei para o banheiro e fiz o teste. Gente, vocês não imaginam a ansiedade que senti até sair o resultado. Só que aqueles dois tracinhos me pegaram de surpresa.

Na hora, o desespero tomou conta de mim. "*Isso não pode ser verdade!*", era só o que eu pensava. Entrei em pânico e só conseguia me perguntar "*o que iria acontecer*"; "*o que iria falar para o meu marido*". Tive um surto inacreditável e despenquei a chorar. Fiquei desnorteada. Fiquei chocada... A primeira pessoa para quem liguei foi para a minha irmã que, além de médica anestesista, é e sempre foi meu ombro amigo. Sério, achei que fosse pirar naquele momento. Se não fosse por ela, nem sei o que teria acontecido comigo. Pode parecer exagero para alguém na minha situação, afinal, estava casada, tinha a minha casa, o meu trabalho e pessoas que sempre me apoiaram ao meu lado. Mas, mesmo assim, é difícil de assimilar a notícia. Sabe, é muito diferente de quando você para de tomar a pílula e planeja engravidar. Você torce e espera por aquilo. Mas, no meu caso, aqueles dois tracinhos tiraram o meu chão pra valer.

Minha irmã me falou para eu procurar um médico e fazer um exame de sangue, até porque todo mundo fala que teste de farmácia pode dar falso positivo. Então aproveitei que já tinha vários exames ginecológicos de rotina para fazer e corri para a clínica no dia seguinte. Preciso falar que dormir naquele dia não foi fácil? Cara, que noite longa! Eu ainda estava com medo do resultado, com receio da mudança e de como isso iria virar a minha rotina de ponta cabeça. Fiz o exame de sangue particular — para esse teste eu não tinha pedido médico, claro —, mas descobri que o resultado não saía na hora. Não adiantou nada... Mas, em seguida, foi a vez de fazer o ultrassom intravaginal. A primeira coisa que o médico me perguntou, antes mesmo de começar o exame, é se poderia estar grávida e aí, minha amiga, eu gelei e respondi que "sim". Foi um "sim" que misturava empolgação, tensão, desespero... Era um pouco de tudo!

Ele colocou o aparelho no meu útero e confirmou. Então, vi meu bebê pela primeira vez. Ele era tão pequenininho, tinha apenas dois centímetros, só que eu já podia senti-lo dentro de mim. E isso mudou tudo. Eu estava no comecinho da gestação, com seis semanas e seis dias, mas já sabia que aquele momento tinha transformado a minha vida completamente. É muito louco! Eu ainda estava chocada (não é à toa, né?), mas confesso que fiquei mais aliviada com a notícia. A verdade é que leva um tempo para a ficha cair e você possa dizer "*Caraca, eu vou ter um filho*". Na mesma hora, bateu um sentimento imenso de felicidade. Foi um momento único para mim. Aquele medo que eu estava sentindo desde o dia anterior passou na mesma hora. No lugar, vieram os sentimentos de alegria, esperança, sonho... Chorei de novo, muito... dessa vez de pura felicidade porque eu já podia imaginar a carinha do meu filho.

Eu só queria dividir essa felicidade com quem estava ao meu lado e contei para as pessoas mais próximas, aquelas bem íntimas mesmo. Por recomendação médica, esperei passar o primeiro trimestre para postar no blog e dar a notícia em frente às câmeras. Mas me abrir com vocês foi uma das melhores experiências da minha vida. Nunca recebi tanto carinho, apoio e cuidado quanto no dia em que anunciei minha gravidez. Muitas de vocês, que me acompanhavam desde o comecinho do blog, sentiam como se estivessem vivendo essa experiência junto comigo. E vocês viveram. Talvez não tenham ideia do quanto foi importante dividir aquele momento com vocês. Eu só tenho a agradecer pelo carinho e por terem passado esse período tão especial e importante ao meu lado.

Nada acontece por acaso

Ok, eu não planejei a gravidez do Davizinho. Mas eu sei que na minha vida nada acontece por acaso. Pouco tempo antes de eu descobrir, tinha viajado para o Chile com meu ex-marido, a minha amiga Evelyn Regly e o Diego, marido dela. A nossa intenção era passar os dias esquiando na neve, mas não foi bem assim. Sabe, expectativa e realidade? Então, logo no primeiro dia, eu me machuquei. Ninguém ali sabia esquiar direito e também não tínhamos feito o cursinho de esqui com os instrutores do lugar — fica a dica para quem vai viajar para a neve! Então, colocamos os esquis nos pés e... você já pode imaginar o que aconteceu, né?

Dez minutos depois que tínhamos chegado lá, em uma das minhas primeiras descidas, acabei pegando muita velocidade. Eu descia cada vez mais rápido e aquilo foi me deixando nervosa. "*Como é que eu iria parar?*" É, foi exatamente do jeito que você pensou aí: eu caí, rs. Sério, gente, eu tinha acabado de chegar! Tudo bem que não foi um tombo feio, mas na queda eu virei o joelho e me machuquei. A dor foi absurda e o machucado me tirou da pista de neve logo no primeiro dia. Tive que imobilizar a perna. A Eve e os meninos continuaram a esquiar e a cair. Eles levaram muitos tombos no Valle Nevado, e eu fiquei só assistindo àquela farra. Ao mesmo tempo em que me questionava o porquê de ter acontecido aquilo logo no primeiro dia, sem nem ter ao menos esquiado 10 metros, eu me sentia tranquila por ter sido comigo e não com qualquer um deles. E claro que eu curti a viagem na medida do possível. Nada me abala, sabe?! Mas o que eu não sabia é que já estava grávida. Imagina se eu tivesse levado todos aqueles tombos também? Eu poderia ter perdido meu bebê! Por isso, eu digo: nada na minha vida acontece por acaso — e na sua também não. Deus sempre nos guia pelo melhor caminho.

Foi chato ter me machucado logo no primeiro dia? Foi, muito! Mas imagine se eu tivesse continuado a cair durante toda a viagem, como aconteceu com todo mundo que foi comigo? Poxa, me dói só de pensar no que poderia ter acontecido. Então não duvide dos planos que Deus traçou para você. Tudo acontece porque tem que acontecer, no momento que precisa acontecer. Tudo tem uma explicação, mesmo que a gente não entenda logo de cara. Tem coisas que são para o nosso bem mesmo quando nem conseguimos perceber. Existe um motivo para tudo, basta a gente confiar.

É um menino!

Eu estava de dezesseis semanas quando, durante a ultra, o médico disse *"É um menino"*. Na verdade, tive que fazer o exame duas vezes no mesmo dia porque na primeira tentativa ele estava de costas, com as perninhas cruzadas, e não quis se mexer de jeito nenhum. Davi cheio de personalidade e vontades desde a barriga, né? Mas, falando sério, ouvir que meu baby era garotão foi um verdadeiro presente para mim e para o meu ex-marido, mesmo eu não tendo preferência por nenhum dos sexos. Na verdade, quando era adolescente, nas poucas vezes em que me imaginei como mãe, sempre foi de uma menina. Acho que toda garota pensa isso em alguma fase da vida, né? Menina é sempre muito companheira da mãe, pelo menos é o que acontecia na minha casa. Além disso, como já disse, sempre fui muito vaidosa, então esse mundo de frufrus e roupinhas cheias de babado me encantava muito.

Mas, quando eu me vi grávida, nem ligava mais para isso, não tinha mais preferência por um sexo. O que toda mãe quer? Que o filho nasça com muita saúde. E era só isso o que eu queria. Sempre pensei que o que viesse seria ótimo. Mas, ao mesmo tempo, sabia que o sonho da minha mãe era ter tido um menino — era para eu ter sido menino; minha mãe só descobriu que a Raka aqui era uma garotinha no parto. Sem falar que a família do meu marido já tinha muitas meninas, muitas sobrinhas. Então, quando descobrimos que era um meninão, a emoção foi absurda, e toda a família ficou encantada. Hoje, não consigo mais imaginar minha vida sem o mundo azul do meu bebê, cheio de carrinhos, bolas e aquela bagunça gostosa. Não consigo mais nem me lembrar de como era a minha vida sem o Davi — ainda bem, né?

Depois que descobri o sexo, foi bem rápido para escolher o nome. Eu sabia que queria um nome diferente, curto, forte e que a inicial estivesse no começo do alfabeto. Davi — sem o d no final, porque não queria que ninguém confundisse a pronúncia — foi o primeiro nome que pensei e me apaixonei. Até pensei em outras possibilidades depois, mas nada que me conquistasse de verdade. Aí, quando pesquisei o significado de Davi, o nome me ganhou de vez: amado e querido por Deus. Além disso, não conhecia ninguém com esse nome até então, e era isso que eu queria, que ele fosse único na minha vida.

Gestação sem paranoias

A minha gravidez foi muito tranquila. Passei praticamente ilesa a todos os sintomas comuns de gestação. Enjoo? Só senti naquela vez que viajei de avião e eu nem sabia que estava grávida ainda. Dores nas costas? Pouca coisa. Azia? Um pouco, mas foi mais no fim da gestação. Desejo? Nenhum... No máximo por picolé. Inchaço? Também não, se bem que meu pé ficou um pouco mais gordinho, o que não foi necessariamente ruim, já que ele é fino demais, rsrs. Acho que tive muita sorte! Não tive problema algum durante a gestação.

Para mim o que ajudou é que eu não era neurótica — nunca fui, nem mesmo na gravidez. Se tem um conselho que eu possa dar para você que está passando por esse período é "relaxe". Tem que se cuidar, sim! Tem que fazer todos os exames, sim! Tem que cuidar da alimentação para deixar essa criança bem forte, sim! E tem que fazer exercício sob orientação médica, sim! Mas tem que aproveitar também, tem que curtir esse momento tão único e especial que você está passando. Tem que aproveitar essa fase sem neuroses, sentir a alegria de cada chutinho que seu bebê dá dentro de você — e, caraca, como o Davi se mexia, parecia que ele estava dentro de um pula-pula, rsrs. É claro que todo cuidado deve ser tomado. Eu fiz meu pré-natal certinho e fui a todas as consultas com o meu ex-marido, que sempre esteve ao meu lado em todos os momentos importantes da minha gravidez. Mas não pode rolar desespero, sabe?

É preciso ter equilíbrio e bom senso para que você possa aproveitar cada momento da gestação, mas sempre com segurança.

Um parto que foi um parto

Sonhei com o parto do Davi a gestação inteira, fiz muitos planos. Mas a vida fez questão de me mostrar que ser mãe é saber lidar com imprevistos logo no começo. Como já disse, nada acontece por acaso...

Antes de contar sobre a minha experiência no nascimento do Davi, eu queria falar rapidinho sobre o processo de escolha do parto, que pode ser muito difícil para a mulher. É uma coisa que quase todo mundo que conversa com você, até aquelas pessoas que não têm a menor intimidade para isso querem opinar, né? Muitas até te colocam medo. Mas eu sempre achei que quem tem que decidir o tipo de parto que quer ter é a mulher. E pronto. É só você, colega! Não interessa se o parto tal tem muito mais benefícios, se no outro parto a recuperação é mais fácil... A verdade é que o desafio de colocar um filho no mundo é todo seu, por isso, se informe o máximo que puder, mas não deixe que ninguém interfira nessa decisão.

Aproveitando, queria deixar bem claro que a experiência do meu parto foi única e exclusivamente minha, e que isso não significa que vai acontecer o mesmo com você, independente da escolha por cesariana, normal ou humanizado. Cada mulher tem um corpo e sente dores de uma forma diferente, por isso, não tenha medo da decisão que tomou. Deixe que a realidade mostre o que é melhor para você e para o seu filho, porque eu garanto que vai encontrar relatos positivos e negativos sobre todos os tipos de parto, histórias lindas e infelizmente até algumas tragédias. Confie na sua intuição de mãe. Vai dar tudo certo!

Mas vamos à minha experiência. Bom, diz o ditado que "ser mãe é padecer no paraíso", mas, se eu pudesse adaptar esse ditado à vida real, diria que ser mãe é pagar a língua, rsrs. No meu caso isso aconteceu no ápice da gravidez: no momento do parto. Durante os nove meses em que o Davi esteve na minha barriga, pensei sobre como seria o parto. Sempre quis o parto normal por diversos motivos: é o que a mãe se recupera mais rápido, não é tão invasivo, entre outras coisas. Mas o principal deles era que eu queria que o meu bebê viesse ao mundo no tempo dele, sem apressar demais as coisas. Para mim, sempre foi muito importante essa questão de respeitar aquilo que a mulher deseja para o seu próprio parto. Eu nunca vou julgar alguém que já optou pela cesariana de cara, assim como acho lindo quem escolhe fazer parto humanizado, na banheira ou em casa. O melhor parto para a mãe é o que ela quer ter. E o que eu desejava no fundo do meu coração era que o meu príncipe viesse ao mundo pelo parto normal, no hospital, porque assim me sentiria mais segura.

Me lembro de que naquela época eu sonhava que o Davi nasceria em março, não queria de jeito nenhum que ele nascesse em fevereiro. Acho que essa foi uma das únicas partes do nascimento dele que realmente foi como eu imaginei, rsrsrsrs.

Uma mulher grávida sonha muito mesmo com o parto — se você já é mãe, concorda comigo, né? Especialmente nos últimos dias de gravidez, quando o barrigão começa a incomodar demais e não há mais posição para dormir. Nesses momentos, eu sempre ficava pensando como seria a hora que ele viesse ao mundo, como seria o rostinho dele, se ele seria cabeludo ou não. O que eu não esperava era que as coisas pudessem ser um tanto quanto diferentes na vida real. Porque, falando sério, quando nós imaginamos o parto não temos a menor noção do que ele é.

Logo no começo de março fui fazer uns exames e uma consulta com o meu obstetra e descobri que o Davi já estava bem baixinho, o que indicava que ele poderia nascer a qualquer momento. Durante as últimas semanas de gravidez, o cordão umbilical estava dando uma volta no pescocinho dele. Nesse último exame, fiquei sabendo que naquele momento eram duas voltas, e isso me deixou muito preocupada. Por sorte o meu médico, que era muito bom, conseguiu me acalmar, mas fiquei um pouquinho ansiosa nessa fase final da gravidez. Eu me lembro de que isso foi bem no comecinho do Carnaval, então fiquei todos os dias de repouso em casa, me preparando para a chegada dele.

Alguns dias se passaram e meu médico pediu uns exames. Era uma sexta-feira, e eu fui ao Downtown — que é um shopping onde ficava o consultório dele — com a minha irmã para fazer a ultra. E ali ele falou *"olha, Raquel, ele ainda não tá dando muito sinal de vir, então a gente vai marcar a cesárea para quarta. Se ele não vier antes disso, a gente vai fazer a cesárea, porque você já está com 39 semanas, vai entrar na 40ª, e pode correr um risco que não é legal"*. Eu fiquei desesperada e a minha irmã falava assim no shopping *"vamos andar, carrega peso, quem sabe assim ele não vem logo"*. A gente andou bastante no Downtown, fazendo compras, passeando e esperando o Davi....

Sentindo as contrações

No dia 07 de março, um dia depois desse passeio, comecei a ter sinais de que a hora do parto estava chegando. Primeiro acordei pela manhã e percebi que tinha saído um pouquinho de sangue na minha calcinha. Caraca, pensa num susto. Por mim eu já teria ido direto para o hospital, mas o meu ex-marido me aconselhou a falar com o médico antes. Tinha saído o tampão. Ele me pediu para ficar calma e descansar, e mal sabia eu que iria precisar muito desse descanso depois. Além disso, as contrações tinham começado no dia anterior, bem de leve, como se fossem cólicas menstruais mesmo. No começo, a dor era bem suportável, e achei que não teria problemas em encarar o parto normal, porque sempre consegui suportar bem a dor. Sei que tem várias mulheres que preferem a cesariana por medo, mas esse nunca foi meu foco, porque sempre achei que conseguiria aguentar bem para que o Davizinho pudesse vir ao mundo na hora que ele preferisse.

Então comecei a monitorar a frequência e a intensidade das contrações, já sabendo que o parto estava se aproximando, e a expectativa só crescia. Fiquei de olho também se saía mais sangue ou algum tipo de líquido diferente no meu xixi, só para ter certeza de que estava tudo certo mesmo. Ah, tem mais um detalhe: nesse dia, eu ia maquiar a minha irmã para um casamento. Demorei muito mais do que o normal porque a cada pontada de contração que sentia, eu precisava parar um pouco. A cada pincelada, a dor aumentava — e mesmo assim ela ficou linda, rsrs. Minha irmã ficou empolgadíssima, não parava de falar *"ai, de amanhã não passa!"*. Até aí, eu ainda estava conseguindo aguentar a dor numa boa, apesar do incômodo.

Na madrugada do domingo, uma hora da manhã, eu já não estava conseguindo suportar a dor e decidi ir pra maternidade. Eu me arrumei, meu ex-marido se arrumou e o engraçado é que já no carro eu estava gritando muito, *"pelo amor de Deus não fala comigo!"*. Hoje eu dou risada de lembrar, mas confesso que não imaginei que ia ser tanta dor. Não é fácil, viu?! O pior de tudo é que eu cheguei à maternidade e estava só com um centímetro de dilatação. Vocês acreditam que a enfermeira fez o favor de dizer para mim que as dores mal tinham chegado, que elas iam ficar ainda piores? Eu me lembro de ter pensado *"o quê? Piores que isso? Impossível!"*. Mas o pior é que ela estava certa.

O resto da noite só foi ficando ainda mais difícil. Eu não conseguia encontrar uma posição confortável, berrava de dor e até rezei pra Deus me ajudar a aguentar. O pior é que eu estava me sentindo uma covarde, porque em toda a gravidez tinha certeza de que iria suportar a dor sem problemas — olha a expectativa e a realidade aí de novo!

O meu médico, que estava viajando, chegou à maternidade às sete horas da manhã e já foi logo medir a minha dilatação: um centímetro de novo. Nessa hora ouvi a frase que tanto tive medo na gravidez: que não iria conseguir ter o Davi por parto normal, que ficaria sofrendo à toa. Não teve jeito. Era para ser cesárea. Mal deu tempo de esperar meus pais e os pais do meu ex-marido direito. Assim que minha irmã chegou, fui direto para a mesa de cirurgia. Para me tranquilizar, focava na ideia de que havia atingido meu principal objetivo, que era deixar meu baby vir na hora que ele quisesse. Apesar de não ter conseguido fazer o parto normal, pelo menos o Davi veio ao mundo no tempo dele, e isso me consolou quando eu soube que precisaria encarar uma cesariana. Só que todo esse tempo de trabalho de parto, a dor insuportável e o nervosismo de ter que mudar meus planos na última hora acabaram com o meu lado emocional de um jeito impressionante. Vocês nem imaginam! Confesso que não tive um bom parto, porque o meu emocional estava atingido. Sou meio fresca para esse negócio de cirurgia e injeção e estava com muita, muita dor.

Na hora H

Eu me lembro de que não conseguia nem falar com a enfermeira. Sentei na mesa e começou a me dar uns calafrios, eu tremia toda. Quando a cirurgia começou, mesmo depois da anestesia, conseguia sentir o médico mexendo na minha barriga. Não era dor, mas uma sensação muito estranha e perturbadora. Eu estava reclamando muito, passei mal durante o parto, tive até vontade de vomitar. Não foi fácil. Até que escutei o choro do meu filho. E aí tudo mudou. Tá, eu sei que é clichê, mas é verdade: não tenho como explicar o que senti naquele momento — já estou me emocionando aqui de novo. Comecei a chorar muito. Eu chorava, e chorava, e chorava... Só de lembrar já fico toda emocionada. Foi um momento único quando eu o vi todo gordinho, gostoso, lindo, perfeito... Olha, foi uma bênção de Deus. Davi nasceu com 3,680kg, 51,5 cm, no Dia da Mulher, para ser o maior presente da minha vida.

Quanto à minha recuperação, tudo foi muito tranquilo. Fiquei com algumas dores do pós-parto, mas nada exagerado. O engraçado é que, logo depois que saí do parto, eu estava falando muito, mais do que o normal — e olha que sou tagarela — e não sabia o porquê. Só sei que eu queria conversar e, muitas vezes, conversei com vocês. Sabe, uma das coisas mais legais da minha gravidez e do parto foi o carinho que recebi nas redes sociais. É sempre muito gostoso ler as mensagens bonitas dos seguidores, mas, quando você vê aquele monte de gente mandando energia boa para o seu filho, a sensação é indescritível. Eu me senti quase que na obrigação de dividir cada momento disso com as pessoas que me acompanhavam, porque pra mim era como se cada uma delas fosse uma titia distante, pronta para apoiar não só a mim, mas também a pessoinha que eu mais amava nesse mundo. É nessas horas que trabalhar como blogueira supera qualquer coisa.

Vou agradecer eternamente aos meus seguidores e seguidoras pelo carinho que eu recebi na fase mais especial da minha vida.

Agora sou mãe

Na gravidez, a gente lê,
pesquisa na internet,
conversa com as amigas,
com o médico, com a mãe...
Tudo para tentar entrar na
maternidade mais preparada.
Isso ajuda? Sim! O problema
é que a teoria pode ser bem
diferente da prática.

Olha, eu sou uma mulher completamente diferente depois que me tornei mãe. Cada sorrisinho, cada gesto e cada barulhinho gostoso do Davi transformaram a mim e a minha vida por completo. Você percebe que os dias ficam mais longos, o seu sentimento muda, a sua preocupação é outra e a razão da sua vida se transforma, entende? E por mais que você se prepare durante a gestação, nada te deixa pronta para todo o turbilhão de emoções que a sua vida vai se tornar. E olha que eu fiz a minha lição de casa durante os nove meses em que carreguei o Davi dentro de mim. Eu me informei de todos os modos que podia: li, conversei, pesquisei, me consultei, recebi dicas e conselhos... Sabe, o que mais queria era me sentir segura quando finalmente estivesse com meu filho em meus braços. Mas uma coisa é você ler sobre o assunto, outra coisa completamente diferente é viver ali na pele a prática. Lembra da expectativa e realidade? Então...

Se por um lado eu me surpreendi com a minha força e me vi muito mais segura do que realmente esperava em algumas ocasiões, por outro, coisas que você acha que são naturais e simples se mostram pra lá de desafiadoras. Eu, por exemplo, desde a primeira vez que peguei o Davi no colo, senti tanta segurança ao carregá-lo como nunca tinha sentido antes com qualquer bebê. Parece que quando o filho é seu, você sabe como pegar e não tem medo de quebrar aquele ser todo pequeninho e frágil. Cara, é muito diferente quando é o filho dos outros. Com o meu, me senti totalmente pronta e preparada para estar com ele ali, em meus braços, e, olha, não há nada mais especial do que esse primeiro contato com o bebê. Sentir sua pele delicada junto à sua, decorar os contornos do seu rostinho, segurar sua mãozinha... Nossa, ainda me emociono muito só de lembrar desse momento — sim, já estou chorando de novo.

A coragem e a segurança não me abandonaram depois que saí da maternidade — e acho que até hoje carrego elas comigo. Bom, fui pra casa e fiz questão de me virar sozinha. Não que eu não tivesse pessoas ao meu redor para compartilhar esses momentos comigo, mas esse é o meu jeito. Sempre fiz questão de ser autossuficiente e na maternidade isso não seria diferente. Eu me sentia segura para cuidar do meu bebê e fiz questão de aproveitar cada instante com ele.

Nos primeiros meses, o mais difícil para mim foram as madrugadas. O Davi acordava muito durante a noite e aquilo acabava comigo. Eu, largada na cama mesmo, amamentava, e às vezes era meu ex-marido quem pegava o baby no colo e dava uma volta pela casa para tentar acalmá-lo. Nossa, a falta de sono me afetava muito. Sabe quando você sente o corpo desgastado? Demorou uns bons meses até que as noites ficassem mais calmas aqui em casa e eu pudesse me sentir eu mesma de novo.

De todas as mudanças que a maternidade trouxe, essa, sem dúvida, foi a pior parte, porque, de resto, o Davi não dava trabalho algum. Era um bebê incrível, brincalhão, risonho e muito tranquilo. Ele quase não chorava, teve cólica poucas vezes e aí era só colocar uma bolsinha de água quente que resolvia — dica de mãe essa aí, mas funciona!

É claro que tive muita dificuldade no começo, sim. Mas a gente se supera, né? A gente cria forças que nem sabia que tinha, se desdobra de todas as maneiras possíveis e percebe que pode carregar o mundo nas costas se preciso. Acho que toda mulher é meio assim. O mais importante é que não tive medo. Eu confiava no meu sexto sentido e, claro, no que o meu médico falava. Eu ouvia as opiniões das pessoas, mas fiz questão de fazer as coisas do meu jeito. A verdade é que cada mãe é uma mãe, cada filho é um filho e cada caso é um caso. Logo, o que funcionava para alguém poderia não funcionar para mim. Sempre acreditei nisso e ainda acredito.

Desafios da amamentação

Amamentar é um momento tão especial, que fica difícil explicar em palavras a conexão que existe entre mãe e filho enquanto aquele serzinho se alimenta em seus braços. Gente, é uma delícia! É indescritível a sensação de segurar seu bebê no colo e ficar só olhando para ele, só sentindo seu cheirinho, ao mesmo tempo em que ele se aconchega no seu corpo. Não tem demonstração maior de amor e de doação por parte da mamãe.

É lindo! É especial! É encantador. Mas não é fácil... E eu não tenho certeza se todas as mulheres, especialmente as futuras mamães, sabem disso. Olha, amamentar é algo tão natural que você até se engana achando que é um processo simples. Não, não é. Amamentar exige muita determinação da mulher e muito desprendimento. É ter que às vezes aguentar o incômodo e a dor para poder oferecer um bem maior ao seu filho. E parece que ninguém fala muito disso.

A minha experiência foi tão especial quanto difícil. O Davi pegou o meu peito logo de primeira — ele aprendeu bem rápido a abocanhar direitinho o mamilo. Nossa, isso fez eu me sentir forte, única e segura. E, por um tempo, nas primeiras semanas de vida dele, continuou assim. Recebi uma boa orientação das enfermeiras do pré-natal e talvez isso tenha ajudado a deixar o processo mais tranquilo. O Davi mamava em livre demanda, o que significa que ele não tinha horários pré-determinados para se alimentar. Ele mamava quando queria, na hora que queria, o quanto queria, tanto durante o dia quanto de madrugada. E olha que ele era um esfomeadinho, mamava muito, o tempo todo. Eu, graças a Deus, tinha muito leite, tanto que sempre retirava bastante com a bomba e congelava para quando precisasse sair — olha aí mais uma boa dica, inclusive, os bancos de leite ensinam o passo a passo direitinho para você fazer isso.

Com as semanas, percebi que o meu bico ficou mais sensível, mesmo usando uma pomada específica para a região — que era para o meu peito não rachar — desde que estava com seis meses de gravidez. Mas esse foi só o primeiro incômodo. O problema mesmo foi que, logo no segundo mês de vida do Davi, eu desenvolvi mastite, que é uma infecção das mamas, que deixa o leite empedrado. E isso doía muito. O médico me receitou antibiótico, anti-inflamatório e massagens durante o banho, que se tornaram frequentes e intensas, porque a dor era insuportável.

Mesmo após algumas semanas de tratamento, a inflamação não melhorou, e a dor só aumentava. Voltei para o médico e ele percebeu que eu estava com uma infecção dentro do seio. Então ele me deu duas alternativas: ir para o consultório, fazer exames, tomar anestesia e fazer um pequeno corte no seio para que o médico pudesse drenar aquela inflamação, num processo que levaria mais alguns dias, ou resolver ali mesmo, sem anestesia. Adivinha o que escolhi? A segunda opção. Calma, vocês vão me entender! Eu queria tanto me livrar daquilo e acabar com a dor naquele momento que abri mão da anestesia. Então o médico deu uma injeção no meu peito e fez o corte. Nossa, a dor era surreal. O procedimento aliviou muito, só que o leite continuava empedrado, e eu continuava com as massagens doloridas e, em casa mesmo, a drenar sozinha o peito através do corte que o médico havia feito. Mesmo assim, eu nunca pensei em parar de amamentar. Acho que, vendo aquela situação, ninguém me julgaria se desistisse, mas eu continuei e continuo até hoje. O Davi tem quase dois anos e ainda mama — mais pelo aconchego que ele sente, que o acalma, do que pelo alimento em si. E vai continuar assim até que eu decida o contrário.

Estou contando essa experiência porque acho que a gente tem que ser bem orientada sobre o tema, desde a gravidez até os primeiros meses de vida do bebê. É algo importante e especial, sim. Mas também é difícil e pode ser muito dolorido. E não podemos julgar uma mãe que age de um jeito ou de outro durante o processo. A gente tem que se apoiar. Sabe, já é tão complicado por natureza, ninguém precisa de outra pessoa apontando o dedo e falando o que você deve ou não fazer. Acredite, os médicos já existem para isso.

Introdução alimentar

Quando o Davi completou seis meses, eu já estava louca para começar a dar comida para ele. Queria ver sua carinha quando experimentasse cada coisa, cada sabor. Eu o levei à pediatra e ela me indicou começar apenas com as frutinhas e marcar uma nutricionista, que iria me orientar a fazer as papinhas, como armazenar os alimentos, congelar etc. Confesso que achei um pouco de frescura, mas marquei mesmo assim. Até o dia da consulta, comecei com as frutinhas. O Davi não gostou no primeiro dia, fazia careta a cada colherada, mas já na segunda tentativa ele aceitou melhor as frutas que a gente oferecia. E aí chegou o dia da consulta e, olha, preciso dizer que valeu a pena. A nutricionista não só me orientou sobre o que dar para ele, mas como dar. Ela me pediu para não alimentá-lo com nada batido ou peneirado, apenas amassado, para estimular a mastigação dele. E falou também que eu não deveria bater toda a comida junta, porque ele precisava aprender a reconhecer o sabor de cada alimento separadamente. Então, uma colherada tinha que ter só cenoura, na outra só abobrinha, na outra só batata etc.

Para alimentar o Davi, ela me ensinou a colocá-lo na cadeira e deixar com que ele experimentasse a comida com calma. Tem que ter paciência e persistência, mas não se deve forçar a criança a comer, porque a alimentação deve ser um processo prazeroso desde que somos pequenininhos. Às vezes, naquele momento, ela não está querendo, mas, se você esperar cinco minutos e tentar de novo, ela vai comer. Precisa de paciência e muito carinho, mas dá certo, amiga. Pode acreditar que dá!

Outro conselho legal da nutricionista foi o de cozinhar tudo no vapor e não na água, para que os nutrientes dos alimentos não se perdessem. Além disso, ela me falou que eu não deveria oferecer suco à criança, só a fruta mesmo, em pedaços. Nossa, era muita informação. Bastante coisa que eu não sabia, mas segui à risca o que ela me ensinou e deu tudo muito certo.

Hoje o Davi se alimenta muito bem e é bem forte e saudável. Tem valido a pena insistir na amamentação e na boa educação alimentar desde pequenininho.

Você pode tudo!

Deixe a maquiagem —
ou a ausência dela — revelar
o que tem de melhor.
Quando você se ama,
confia em si mesma
e acredita no que é capaz,
consegue realizar todos
os planos que tem para
a sua vida.

Desde que eu comecei o meu canal no YouTube, faço questão de dizer que as mulheres têm que confiar em si. Minha preocupação sempre foi ensinar maquiagem para que as pessoas pudessem ficar mais bonitas e se sentirem seguras com a própria imagem. Não importa se você vai para o trabalho, se vai ver alguém ou mesmo ficar em casa, o que vale é se sentir bem consigo mesma. Aqui vale frisar o "consigo mesma", afinal, é para você que deve se maquiar, se embelezar ou cuidar do próprio corpo. Ou seja, não adianta fazer pelo namorado, pelo marido ou qualquer outra razão que não tenha motivação dentro de você. Eu gostaria de incentivar isso nas pessoas, de acender essa chama de amor-próprio dentro de cada uma. Porque toda mulher é especial, cada uma tem a sua individualidade, sua particularidade, seu encanto.

Às vezes eu posso não gostar daquela pessoa para tê-la ao meu lado, mas outras tantas vão querer. Sabe aquela velha história do "o que é bom para mim pode não ser bom para você, e vice-versa"? Então, é por aí. Isso quer dizer que não se pode generalizar nem deixar um padrão de beleza imposto por alguém afetar suas decisões sobre si e sobre os outros. E, para conseguir isso, tem que confiar em si mesma. Se você não se amar e não tiver segurança de quem você é, ninguém no mundo vai te olhar de uma forma diferente. Quer um exemplo? Sabe quando você vai a uma festa e não está se sentindo bem, acha que a sua roupa não está legal ou ainda que o seu cabelo não está do jeito que queria? Mesmo que, na real, esteja linda, não há quem faça você se convencer do contrário. E, pode apostar, ninguém vai olhar para você, porque você mesma não está se sentindo bem. A questão aí é que a sua autoestima não deixa você enxergar a sua própria beleza, o que afeta a percepção que tem de si mesma e até a que os outros têm de você.

Agora, quando você sai de casa confiante, a coisa muda de figura. Mesmo que esteja com aquela sua roupa sem gracinha que já usou mil vezes, com uma maquiagem não muito elaborada — ou até sem —, ou com o seu cabelo arrumado daquele jeito que só você curte... Enfim, você sai se sentindo poderosa, linda, maravilhosa! Nesses dias, meu amor, todo mundo vai olhar para você! Pode apostar!

Por isso, acho que se sentir bem é como se fosse um mantra para toda a vida: você tem que se amar, mesmo que precise se convencer disso diariamente, olhando no espelho e falando um "eu me amo" bem alto. Não é ser arrogante, não é ser prepotente, não é se achar superior a ninguém. É se amar e saber que, mesmo que aquele carinha tenha te largado, você vai passar por um momento de luto e sofrimento, vai se questionar sobre algumas coisas, mas vai chegar ao fim desse drama e falar "*Olha só, se ele não me quis, tem quem queira!*". Porque tem milhões de pessoas disponíveis por aí. Vida que segue, meu amor!

Chega de padrão de beleza!

Além disso, há a questão dos biótipos que a sociedade impõe. Existem as mulheres mais gostosas — ou, como a gente diz aqui no Rio, as popozudas — e aquelas que não se encaixam nesse perfil. Mas todas são lindas, porque tudo que Deus faz é perfeito. A gente tem que entender de uma vez por todas que não existe perfil ideal de aparência e, por isso, precisamos aprender a respeitar o espaço do outro e a beleza que lhe é particular e deixar essa mania horrorosa de julgar demais. Tem gente que está mais preocupada em olhar o outro do que enxergar seu próprio umbigo. Aí eu me pergunto: por quê? Será que é tão difícil assim as pessoas aceitarem as diferenças uma das outras? Não apenas aceitar, mas RESPEITAR! O que ganhamos ao apontar o dedo para aquela que de repente pode estar acima do peso ou que não tem o cabelo escorrido? Quem impõe o que é bonito ou não? Eu? Você? Não! Nenhum de nós tem esse direito! Como já disse, o que pode ser bonito para você pode não ser para mim e vice-versa.

Quando tive a oportunidade de fazer uma viagem para fora do país, percebi que as pessoas nem reparam no tipo de roupa que você está usando, se está combinando ou não. Na verdade, elas estão focadas em aproveitar o momento, curtir o lugar, tirar fotos legais e não em ficar olhando se o outro está com o cabelo arrumado. O importante é conseguir ser feliz em todas as situações, do jeito que você achar que deve ser. E deixe o outro falar, porque o seu tempo está sendo gasto com a melhor coisa que existe: a sua felicidade. Quando a gente sai do nosso mundinho de tarefas entediantes, é impressionante como isso fica claro.

É por essas e tantas outras razões que eu acredito muito no poder de atração pela autoconfiança. Para conquistar qualquer coisa na vida, seja um namorado novo ou um emprego ótimo, a gente precisa acreditar que vai conseguir. É claro que vai bater uma dúvida em alguma parte do caminho, mas ignora isso, colega, e continue batalhando, porque você sabe que é bonita do jeitinho que é, você sabe que é inteligente e que é capaz de realizar o que quiser se realmente se dedicar àquilo.

Busque a sua felicidade

Eu recebo mensagens de várias mulheres solteiras e mães, sejam elas novas ou mais velhas, que acham que já chegaram a uma fase da vida que não vão encontrar ninguém, e eu sempre respondo a mesma coisa: não existe idade para você ser feliz e se sentir bela. Então, mesmo que vá à padaria, se você quiser colocar um blush e um rimelzinho, coloque. E, se no dia seguinte não quiser colocar nada, sinta-se confiante com seu rostinho limpo. Ninguém está sempre empolgada para ficar impecável o dia inteiro. O truque é nos sentirmos seguras e deixarmos de colocar tanta energia negativa em detalhes tão pequenos. E lembre-se de que esse olhar positivo sobre si mesma não é ser arrogante, é saber que você é um ser humano como qualquer outro e, ao mesmo tempo, diferente de todas as outras pessoas, e isso, por si só, já garante o seu brilho próprio.

E, quando não estiver se sentindo bem consigo mesma, não tenha vergonha de chorar e se descabelar. Mas, no dia seguinte, levante a cabeça e bola para frente. Não devemos perder tempo na vida porque ela é muito curta e vulnerável, mas sim aproveitá-la da melhor forma possível, sendo felizes. É lógico que vão existir momentos em que não estaremos bem. Terá ocasiões em que nós nos questionaremos o porquê de estarmos passando por determinada situação. Em um primeiro momento, pode não ser tão fácil assim de entender, mas tudo tem uma razão para acontecer, seja ela boa ou ruim. Se eu dissesse que é fácil, estaria mentindo, mas o aprendizado é a chave. Precisamos absorver as lições que a vida nos passa para que nos sintamos mais fortalecidos e confiantes.

Nunca fui muito de seguir modinha ou de me importar com a opinião dos outros. Se eu colocava uma blusa amarela "cheguei" e uma pessoa falava *"nossa, que blusa é essa, Raquel, você vai usar isso mesmo?"*, nem ligava. Se eu estivesse me sentindo bem, respondia "*Tô ótima, linda, vou usar. Por quê? Não gostou, não?*". E ponto, sabe? Porque quando se confia em si mesma, você consegue transmitir isso para outra pessoa — e se duvidar ela vai até te copiar. E isso é muito legal. É assim que as pessoas ditam moda!

Então, olhe no espelho e se convença da pessoa maravilhosa que é. Não fique esperando que alguém lhe diga isso! Independente de como seja a sua aparência, tenho certeza de que existe alguém muito linda dentro de você, esperando apenas para se libertar das coisas chatas que aconteceram na sua vida e que estão apagando a sua beleza. Deixe essas cobranças de lado, esqueça as críticas dos outros e foque em se sentir bem, porque essa energia boa vai atrair tudo que há de bom para o seu redor.

A vida não espera: curta!

E para as mamães que estão pensando "*Ah, é mais fácil se sentir bonita quando se tem tempo para cuidar de si mesma. Quero ver como fica para quem tem filhos!*", lembrem-se: use a sua rede de apoio a seu favor. Peça ajuda a amigos, familiares e, principalmente, ao pai da criança. Conheço várias mamães que sofrem muito por não terem um tempo para cuidar de si, porque o baby exige muita atenção. Entendo bem isso porque, até alguns meses atrás, meu filho precisava de mim o tempo todo. Se você é separada, a coisa piora, pois muitas vezes rola um coraçãozinho machucado que te faz pensar "*eu quero meu filho só para mim, porque o pai não merece*". Mas, olha, um conselho: deixa ele ficar com o pai, sim. Eu sei que essa é uma questão bem complicada, que envolve sentimentos, mágoas, tristeza... Mas se ele tem condição de ser um bom pai ao seu filho, deixe que seja, pelo seu filho, por ele e por você. Você também precisa desse tempo para focar na sua vida profissional, cuidar de si mesma, ir à academia ou o que mais quiser fazer. Isso não é egoísmo. Filho é a coisa mais maravilhosa do mundo, mas só quem tem entende o cansaço que a mulher sente no dia a dia. Por isso, eu digo: faça o que estiver ao seu alcance para dividir melhor os cuidados com o seu filho. A responsabilidade também é do outro, então coloque-a em cima dele e vá viver a sua vida!

E essa dica também vale para as mamães que estão em um relacionamento ótimo, mas deixaram de se dedicar à aparência por causa dos bebês. Eu sei que é muito difícil, que filho depende muito da mãe, especialmente os pequenininhos. Mas, quando você sentir necessidade, não tenha medo nem vergonha de pedir ajuda para as pessoas que te amam, nem que seja para ter um tempinho de tomar um banho mais longo, gostoso e relaxante. Isso faz uma diferença enorme na autoestima da gente. Às vezes, nós vemos aquela criança tão pequena e desprotegida e acabamos nos esquecendo de que o nosso coração também precisa de cuidados nessa fase. E isso inclui cuidar de nós mesmas, para nos sentirmos bonitas e amadas. Tudo vai ficar bem se você se sentir confiante, pronta para enfrentar qualquer batalha na vida para ser feliz com o seu filho.

Cuide da sua autoestima.
Esse carinho consigo mesma também é uma forma de se tornar uma mãe mais forte para o seu bebê.

Meu filho, minha vida, minha carreira

Não há uma fórmula mágica para que você consiga equilibrar todos esses fatores de uma só vez, sem deixar algum dos pontos de lado. Mas saiba que é possível, sim. Cada mãe encontra seu modo. Eu encontrei o meu...

Quando você decide engravidar, rola um planejamento de como será a sua vida e a da pessoa que está ao seu lado nos próximos anos. Vocês fazem contas, planilhas, cortam despesas se necessário, sonham com férias a três, discutem como vai ser quando voltarem a trabalhar etc. É claro que isso tudo não passa de uma estimativa, afinal as coisas nem sempre acontecem como a gente espera — ainda bem, né? Mas esse período de reflexão antes da gestação serve para que você possa se preparar para lidar com o turbilhão de mudanças que vão acontecer.

Só que uma gravidez não esperada, por mais que te deixe feliz, faz você repensar todos os pontos da sua vida ao mesmo tempo e de uma só vez. E foi exatamente isso que eu fiz com a minha carreira — e tantas outras áreas da minha vida — assim que descobri que em poucos meses teria um bebê em meus braços.

Durante a minha gravidez, pensei muito em como poderia me dedicar ao meu trabalho após o nascimento do Davi, como faria para cumprir meus compromissos profissionais e continuar mantendo o mesmo ritmo de postagem que antes, mesmo porque esse era e ainda é o meu sustento, né! No meu caso, que sou autônoma, licença maternidade estava fora de cogitação. Parar de trabalhar? De jeito nenhum! Trabalho desde muito nova e sempre busquei a minha independência financeira, ou seja, não era agora que iria começar a depender totalmente de alguém. Resumindo, eu precisaria conciliar a rotina de um recém-nascido com o meu cronograma de posts e vídeos. Fácil? Nem um pouco.

Enquanto tentava me acostumar a todos os desafios que ainda estavam por vir, eu pensava: "*Como eu vou ter um filho e conseguir manter o blog atualizado, gravar vídeo, cumprir agenda de even-*

tos, viajar a trabalho? Como eu vou dar conta disso?". Eu pensava e chorava, chorava muito. Meu maior medo era não conseguir dar conta de tudo e nem conseguir dar ao meu filho tudo o que tive na vida e muito mais. Enquanto ele estava na minha barriga, eu sabia que poderia cuidar dele, protegê-lo e ainda continuar trabalhando normalmente. Mas e depois?

Então fiz o que poderia fazer: depois que o Davi nasceu, planejei um dia de cada vez, sempre encaixando nos horários livres a produção para o canal. O Davi dormia? Eu gravava vídeo. Alguém aparecia em casa para fazer uma visita? Eu aproveitava que a pessoa estava com o Davi no colo para trabalhar um pouquinho. Era madrugada e a casa estava em silêncio? Lá ia eu editar conteúdo para vocês. E, por mais que eu diga que esse é meu trabalho e meu sustento, gravar e postar também era a minha válvula de escape. Era com os meus vídeos que eu encontrava motivos para me arrumar, para me sentir mulher e não apenas mãe, pelo menos durante algumas horas do dia.

Continuei alimentando o canal constantemente logo após o meu parto e, quando o Davi tinha pouco mais de um mês, encarei o Veda, que me exigia gravar, editar e postar vídeos diariamente durante todo o mês de abril. Loucura? É, foi mesmo! Era cansativo, era desgastante, mas eu queria fazer aquilo, queria me manter na ativa, sentia a necessidade de continuar trabalhando, mesmo que isso significasse gravar com um olho na câmera e outro no berço. E não parou por aí: quando meu filho estava com quatro meses, começaram as viagens a trabalho. No começo, eu dava um jeito de fazer bate e volta, com o apoio do meu ex-marido, de familiares e amigos, que ficavam com o Davi nesses curtos períodos em que estava fora.

Mas, mesmo com esse suporte, até hoje me pergunto: "*cara, como consegui me virar?*". E eu mesma posso responder: "*com bastante disposição e muita ajuda das pessoas que me cercam*". É verdade que, nos primeiros meses, precisei abrir mão de muita coisa até que pudesse me estabilizar. E nossa, como abri mão! E isso pode fazer com que a mamãe sinta-se frustrada profissionalmente. Mas não se deixe cair nessa armadilha. Para mim, a chave para não tornar essa situação pesada é tentar não encarar como perdas as coisas que você precisou deixar de lado para priorizar seu filho, mas sim como escolhas que fez para aproveitar melhor este período tão especial da sua vida. Tudo se ajeita com o passar dos meses, você vai ver! Tudo passa...

Nada de redomas...

Outra coisa que sempre priorizei durante os primeiros meses do Davi foi criá-lo sem muita neura, sem amarras. O Davi não tem frescura: ele é do tipo que dorme em qualquer lugar, mesmo no barulho ou na claridade, e ele come em qualquer lugar — até mesmo no carro, se preciso. E isso me possibilita levar o Davi comigo para compromissos profissionais, principalmente quando não tenho com quem deixá-lo. Então, se preciso comparecer a um evento e o meu ex-marido não pode ficar com ele, por que não levar o Davi comigo? Ele é meu melhor companheiro.

Agindo dessa forma, consegui manter a minha rotina profissional, especialmente porque não me deixo levar pela falsa ideia de que a vida acaba quando se tem filhos. Para, gente! Isso não tem nada a ver. Não enxergue seu bebê como uma limitação ou algo que vai dificultar a maneira como leva sua vida. É claro que o dia a dia muda, mas você ainda vai poder fazer tudo o que ama, mesmo depois de dar à luz. Por isso, não encare a maternidade como algo que vai restringir a sua vida, mas como uma fase na qual vai viver as experiências mais lindas, ao lado do seu maior presente. Então, se você gosta de viajar, viaje com ele. Gosta de ir a restaurantes? Ele também vai gostar. Curte praia? Enche a criança de protetor solar e vai! Saia de casa!

Quando você entender que não há companhia melhor do que o seu próprio filho, a maneira dramática de encarar essa nova fase tende a acabar. Eu, por exemplo, sei que o Davi é a melhor parte de mim e, por isso, faço questão de incluí-lo em tudo o que faço — felizmente o meu trabalho permite isso. Quantos vídeos meus você já assistiu que o Davi aparece de repente? Muitos! Quantas vezes eu já não tive que parar uma gravação para dar atenção a ele ou amamentá-lo para só depois voltar a ficar em frente à câmera de novo? Muitas! E, olha, vou te contar um segredo: tem vários outros vídeos que começo a gravar e não consigo terminar porque preciso dar atenção ao meu baby. E, poxa, tudo bem. Eu não me cobro mais tanto, não exijo mais tanto de mim. Sei que se eu me dedicasse mais, se focasse ainda mais no meu trabalho, poderia estar muito mais longe. Mas hoje não abro mão de priorizar o meu filho e prefiro ir em um ritmo mais desacelerado a pular etapas com ele.

Criança independente

Hoje, com o Davi com dois anos de idade, as coisas são bem diferentes, bem mais tranquilas. Cada fase é uma fase e todas elas têm seu lado bom e ruim. Como desde pequeno eu o estimulo a ser muito independente, isso me ajuda a conseguir conciliar o tipo de vida que levo. Ele passa tranquilamente alguns fins de semana com o pai ou fica com meus pais sem que isso seja um desgaste para a rotina dele. Eu o criei para não ser emocionalmente dependente de mim, ou seja, ele não dorme só comigo, ele não come só comigo... É, eu sei que essa liberdade que o Davi tem pode assustar algumas mães e até deixá-las desconfortáveis, mas, para mim, esse é o melhor presente que eu poderia dar para ele. É claro que essa filosofia serve para mim, tá? Não quer dizer que você esteja errada se faz diferente ou pensa de outra forma, apenas significa que você tem seu próprio modo de criar seu bebê, assim como eu.

Nessa busca pela independência do Davi e para poder fazer com que ele convivesse diariamente com crianças, recentemente eu o matriculei na creche. Por mais que algumas pessoas não entendam o porquê dessa decisão, já que trabalho em casa, isso foi ótimo para que eu pudesse voltar a me estruturar profissionalmente. Agora, aproveito o tempo que ele está lá para produzir conteúdo, gravar e editar, fazer trabalhos externos etc. Com isso, quando estou com o Davi, tenho tempo para dar mais atenção a ele. Se a nossa convivência perdeu em quantidade, ela com certeza deu um salto em qualidade. Hoje, aproveitamos muito mais o tempo que passamos juntos.

Além disso, tive o privilégio de passar os primeiros dois anos da vida do Davi juntinho dele, o tempo todo. O fato de trabalhar em casa me proporcionou a oportunidade de acompanhar de perto cada evolução dele neste mundo e só por isso já me sinto privilegiada. Sabe, não tem recompensa melhor do que ver seu filho aprendendo, evoluindo, crescendo, e infelizmente nem toda mulher tem essa oportunidade, pelo menos não integralmente. A gente sabe que a licença maternidade é um período curto para que você possa se sentir plenamente segura em deixar o seu bebê, ainda tão pequeninho, aos cuidados de outra pessoa. Quando se trata de alguém próximo a você, como a avó ou uma babá de confiança, essa transição tende a ser mais fácil, mais tranquila, porém, em muitos casos, o caminho das mamães é a escolinha ou a creche. Aí, o meu conselho é que você busque o máximo de informações, ou seja, pesquise muito a linha educacional que queira dar ao seu filho, visite os lugares, peça para ver as salas de aula ou berçários, converse com as professoras, descubra como será a rotina da criança lá dentro e, principalmente, peça referências a outras mães para que você se sinta segura em deixar seu filho naquele lugar.

Ao cumprir cada um desses passos, a certeza de que você tomou a decisão certa vai fazer com que consiga trabalhar tranquila, com a segurança de que seu filho está em boas mãos. E, olha, nada de se sentir culpada a cada dia que ele chorar quando você o deixar na porta da escolinha. Lembre-se de que esse é um importante passo para a independência dele.

E se você quer um filho independente, deixe que ele tome desde pequeno algumas decisões por conta própria. Errar e acertar faz parte da vida e essas experiências vão ajudá-lo a crescer e aprender mais rápido.

Solteira sim, triste nunca

Decidi me separar para poder reencontrar a minha felicidade. Tive medo na época, mas hoje sei que foi a melhor decisão que tomei na minha vida, tanto para mim quanto para o meu filho, Davi.

Bom, chegamos a um assunto delicado: a minha separação. Mas acho importante ser compartilhado, até para que as mulheres compreendam que existe vida após o fim de um casamento, uma ótima vida. Se você está esperando detalhes pessoais da minha relação com meu ex-marido, brigas e fofocas, sinto em desapontá-la, mas acho que já deixei bem claro nos vídeos do meu canal e em todas as vezes que citei o assunto nas minhas redes sociais que o fim do meu casamento não aconteceu bem assim. Tenho um respeito imenso pelo meu ex-marido e, na verdade, só quem viveu uma separação pode saber o que aconteceu para o relacionamento esfriar. Quantas vezes, ao ouvir um casal contar a separação, você não percebeu que cada um tinha um ponto de vista sobre aquela história e que nenhum dos dois estava errado, só eram duas formas diferentes de ver a mesma situação?

Por isso, eu não entro em detalhes sobre os motivos que causaram o fim do meu casamento: foi um conjunto de coisas, e seria muito injusto com o pai do meu filho se eu colocasse apenas o meu ponto de vista na internet ou neste livro, porque tenho certeza de que ele deve ver as coisas de uma forma diferente. Nós passamos oito anos juntos, três deles casados e dez meses dividindo o mesmo teto desde que o Davi nasceu. Juntos, fizemos a coisa mais maravilhosa e especial de nossas vidas, o nosso filho. Vivemos muitos momentos bons, dos quais sempre vou me lembrar com carinho. Por isso, não posso dizer que o nosso relacionamento foi um fracasso.

Bom, vocês já devem ter percebido que sou dessas pessoas que acreditam muito em energia e destino. Para mim, quando as coisas têm que acontecer, elas simplesmente acontecem e pronto! Então acho que a minha vida e a do meu ex-marido não se cruzaram por acaso. O nosso relacionamento começou de modo forte e intenso, e desde o início eu acreditava que, apesar de nossas diferenças, tínhamos muito a acrescentar na vida um do outro. Passei por situações diversas nesse relacionamento, algumas delas não tão boas assim, mas que me fizeram amadurecer e me tornar uma mulher mais forte. Aprendi também a reconhecer os meus erros e hoje evito grande parte deles. Sabe, aprender a reconhecer seus erros já é um grande passo e uma importante lição que você pode extrair de relacionamentos que não deram certo. Pior é aquele que erra e acha que está certo, porque essa pessoa não evolui.

Voltando à minha história, depois do nascimento do Davi, eu ficava o dia todo sozinha em casa, só cuidando do meu filho e, logo no início, não tinha muito tempo para me dedicar à minha carreira como gostaria... Pensando bem, mesmo antes da gravidez, a minha rotina já era bastante solitária, e eu colocava esse peso em cima da pessoa que estava comigo, porque no fim do dia queria sair, me distrair, aproveitar a vida. Enquanto isso, meu ex-marido trabalhava normalmente, ia à academia e tinha a rotina dele, e nem sempre estava em sintonia comigo nessa vontade de fazer as coisas juntos.

Estou falando isso para mostrar que o fim do nosso casamento não se deu por uma briga ou por um problema específico, mas porque nós estávamos em momentos muito diferentes da vida, com objetivos diferentes, e íamos acabar morrendo por dentro se não seguíssemos caminhos diferentes. Nós tentamos muito nos adaptar, lutamos pela nossa história, mas infelizmente ela acabou. Então coloquei nossa relação na balança e percebi que estar casada me fazia mais mal do que bem.

Eu converso muito com as minhas seguidoras sobre isso, pois recebo várias mensagens de pessoas que estão em casamentos infelizes e que pensam em se separar, mas não têm coragem por conta do filho. Ok, é fato que é bem mais difícil tomar uma decisão dessas quando há uma criança envolvida na história. Mas acho que não adianta nada manter uma base familiar tradicional para os filhos se dentro de casa os pais não se respeitam mais como deveria ser. É claro que ter uma família estruturada ajuda muito na hora de criar o bebê, mas, se estiver infeliz, essa convivência vai se tornar um processo muito dolorido, e não é legal viver sempre chateada, tanto para você quanto para a pessoa que está ao seu lado e até mesmo para seu filho.

E como saber se é hora de colocar fim àquela relação de anos? Bom, você pode fazer como eu: coloque tudo na balança. Se achar que seu marido te faz bem ou se ainda está muito apaixonada por ele, acho que vale a pena tentar superar os problemas e fazer dar certo. Aliás, acredito que enquanto a balança ainda está em equilíbrio, sempre vale a pena tentar. Mas é importante que ambos queiram isso. Não adianta apenas um lado tentar porque, afinal, relacionamentos são feitos a dois, né?! Agora, se você já tem certeza de que a relação não tem mais nada a ver com o que quer para si mesma, é melhor ficar sozinha e dar uma nova chance para ser feliz. Sei que tem um "*ai, mas eu tenho filho pequeno*", ou "*a minha família não vai gostar*", mas não dê bola para esses julgamentos. Faça o que achar melhor.

Não estou dizendo que você deve se separar por qualquer coisa. O casamento é um passo importante na vida de uma pessoa e ninguém toma uma decisão dessas achando que ele não vai durar. Eu, por exemplo, quando me casei, queria que essa união fosse para a vida toda. Mas, se as coisas não saíram como planejei, paciência. Só quem sabe o que vai acontecer nas nossas vidas é Deus. Então se chegou ao fim, era porque tinha que ser assim. É melhor terminar de maneira amigável e manter um clima saudável de convivência, especialmente se tem filhos na relação, porque esse é um elo para a vida inteira, certo? Por isso, pense duas mil vezes antes de decidir pela separação, mas sempre escolha o que for melhor para você e para o seu filho, sem levar em conta o que as outras pessoas vão pensar.

Estou aqui falando tudo isso, que na teoria é algo bem lógico de se pensar, mas, na prática, você acha que foi fácil? Claro que não! Foi muito difícil assumir para mim mesma que o meu casamento havia acabado. Mas saiba que o importante é a felicidade. No primeiro momento será difícil, desesperador na verdade, mas vai passar...

Será que eu vou amar de novo?

Após a minha separação, sabia que a rotina seria difícil, porque ser mãe sozinha é muito complicado, afinal, tudo cai em cima das costas da mulher. A gente tem que saber disso antes de tomar qualquer decisão: a mãe é quem sofre, porque essa é uma função que toma 24 horas por dia. Infelizmente, a maioria dos pais só aparece de vez em quando, de 15 em 15 dias, mas mãe é pra toda a vida — a gente ainda vai falar mais sobre isso. E simplesmente, no meio desse furacão de emoções, sentindo-se sobrecarregada e sozinha, você ainda se pega perguntando "*cara, será que eu vou encontrar alguém?*". Óbvio que você vai se questionar, ainda mais com um filho para criar. Mas não se permita pensar algo como "*nossa, não vou me separar porque não vou encontrar nin-*

guém e vou ficar sozinha", ou "*Ah, porque já estou velha*", "*Ah, porque ninguém vai me querer, então vou continuar casada e infeliz*"... Não! É melhor ser feliz sozinha do que infeliz acompanhada. Mil vezes melhor.

Na verdade, a última coisa que pensei quando me separei foi em conhecer uma nova pessoa. Estava muito tranquila com relação a isso, e o que eu queria mesmo era ser feliz comigo mesma — e consegui. Só que algum tempo depois, acabei me envolvendo com uma nova pessoa. Foi bom, mas no fundo eu sabia que aquela não era a melhor hora para me entregar a uma relação, sabe? Era o momento de cuidar mais de mim e dar atenção para quem sou de verdade. Então, precisei colocar um fim no relacionamento, por mais que a pessoa em questão quisesse estar ao meu lado. O lado bom — porque tudo tem, mesmo quando a situação é dolorosa, como um término — foi que pude perceber que ter um filho não era um empecilho para eu me relacionar novamente, ao contrário. A questão de ter um filho nunca foi problema. Embora eu não tivesse esse medo, sei que é um receio comum entre as mães recém-separadas.

E quer mais um conselho? Quando a mulher aprende a ser feliz consigo mesma, esse medo vai embora. Você não se preocupa se vai arrumar outra pessoa para estar ao seu lado e se ela vai ou não aceitar o seu filho. A verdade é que quando o cara certo surge, ele vai te amar e te respeitar acima tudo. Sei que essa pessoa vai aparecer na minha vida — talvez até já tenha aparecido. Nunca se sabe...

Ah, mas não pense que a Raka aqui nasceu madura desse jeito e que nunca sofreu com o fim de uma relação. Essa nova perspectiva sobre relacionamentos e términos só veio com o passar dos anos. Foi só depois dos trinta anos que aprendi que precisava estar bem comigo mesma para depois ser feliz com o próximo. E hoje estou em uma fase muito mais segura de mim e confiante de quem a Raquel é na essência, entende?

Sei que preciso aprender bastante com a vida e que ainda vou levar várias rasteiras por milhões de motivos. Mas a gente levanta, sacode a poeira e segue em frente. Às vezes você pode achar que regrediu um pouquinho, deu uma caída, mas logo vai se recuperar. Isso é resiliência! É essa capacidade de cair e se levantar que nos torna mais fortes. Eu me sinto, especialmente depois de todo o turbilhão que passei com a minha separação, muito mais preparada, renovada e satisfeita com a vida. E é isso que quero continuar sendo, feliz com a minha vida, independente se vou estar namorando ou não, casada ou não... Porque quero poder me doar para o meu filho sem precisar de um homem ao meu lado; quero que o Davi veja em mim tudo o que ele precisa.

Para conseguir isso, eu preciso saber que sou capaz de fazer qualquer coisa. E aí temos que retomar um assunto muito importante que é a autoconfiança, porque sem ela a gente não faz nada nessa vida. Se você não se amar e não estiver segura de suas qualidades, vai sempre pensar que o casamento é ruim por sua causa, vai acreditar que seu filho precisa estar em contato com o pai o tempo todo porque você não se considera capaz de dar conta de tudo sozinha, vai se achar incapaz de encontrar um novo amor e, especialmente, vai ter pavor de ficar solteira, de se sentir sozinha. E não precisa! O mundo está cheio de boas surpresas para você, de pessoas especiais e tantos momentos inesquecíveis para que possa experimentar — eu sei por experiência própria!

As dores e as delícias de estar sozinha

Eu sei que a sensação de não ter ninguém ao seu lado é um pouco assustadora, mas também te dá uma liberdade incrível. Quando só você decide o seu caminho, não é obrigada a fazer nada que não queira. Quer sair do país e ficar um ano morando no exterior? Vai. Quer aceitar um emprego em outro estado e começar tudo de novo? Vai também. Quer ficar em casa por um tempo para colocar as ideias no lugar? Também pode. Além disso, ninguém vai ficar criticando seus amigos, sua profissão, nem mesmo o que decidiu comer no jantar. Essa liberdade é incrível! Sei que ela é um pouco menor quando se tem filhos, mas também dá para aproveitar muito esse momento sem um parceiro. Cara, você pode decorar a sua casa do jeito que quiser, usar a roupa que bem entende, ser exatamente a pessoa que é. Sem falar que, em geral, pode criar seu filho da forma que preferir também, porque com o pai estando distante no dia a dia, é natural que ele consiga opinar menos no modo que você deve agir. É claro que em muitos assuntos ele ainda pode e deve ser consultado, mas, na prática, você tem a criança inteira para cuidar e amar como bem entender.

Tá vendo como há muitas coisas boas nessa história? Então, pode parar de acreditar naquela ideia de família modelo, com papai, mamãe e filhinho juntos para todo o sempre. Esquece isso, gata! Se você se permitir olhar ao seu redor, vai perceber que tem muita família diferente que é bem mais feliz do que as chamadas famílias de comercial de margarina. Poxa, fala a verdade, a gente trabalha, luta muito, estuda e faz tudo o que está ao nosso alcance para sermos mais independentes. Isso significa que não precisamos ficar presas a um casamento infeliz. E, de bônus, você ganha uma nova chance para achar alguém que te faça feliz de verdade, que te respeite e ame. Quem sabe dessa relação não surja um cara para casar e que seja perfeito para você, além de um pai maravilhoso para o seu filho? Porque sempre falo, pai não é só o biológico, ele tem que ser presente e se importar com o filho. Conheço muita gente que encontrou a pessoa certa depois de se separar. Talvez isso também já tenha acontecido comigo. O que temos que fazer é aceitar de braços abertos essa segunda chance que Deus está nos dando de sermos felizes. Afinal, o futuro a ele pertence, não é mesmo?

A única coisa que sei agora é que estou muito feliz, plena e realizada, como nunca havia me sentido na vida.

Dilemas de uma mãe solteira

A rotina de uma mamãe iniciante não é fácil. É preciso jogo de cintura para dar conta de tantos afazeres, inclusive os que envolvem a sua vida pessoal e profissional. Mas, e quando a mulher não tem com quem partilhar essas responsabilidades?

Conciliar carreira e maternidade já não é um desafio dos mais fáceis. A gente se desdobra e corre para dar conta do trabalho e ainda crescer profissionalmente (porque a nossa carreira é importante, sim!), sem deixar de dar atenção ao filho, fazendo o possível para estar ao lado dele a cada passo importante da sua vida. Porque nenhuma mãe quer perder os primeiros passos, a primeira gargalhada, a primeira vez que ele consegue comer sozinho, a primeira vez que ele fala "*mamãe*"... Como faz para dar conta de tudo isso? Nossa, difícil dizer. É muito complicado tentar resumir isso em um único capítulo. Cada mãe vivencia essa experiência de um jeito e tem sua maneira de lidar com a situação, encontrando seu próprio ritmo e redefinindo as prioridades conforme a sua rotina.

Depois de trancos e barrancos, encontrei o meu jeito de conciliar o trabalho com a maternidade, que não necessariamente é o ideal para todo mundo, mas que funciona para mim e para o meu filho. Só que, no meu caso, há um fator extra nessa equação complicada de solucionar: eu não tinha mais o pai do Davi ao meu lado todos os dias para dividir comigo os desafios de se criar um filho. Então, após o divórcio, aquilo que já era difícil se transformou em uma experiência ainda mais desafiadora.

Logo que me separei, eu me vi sozinha para cuidar da casa, do filho que ainda era tão pequeninho e do meu cachorro, que também exigia atenção. Não que já não fizesse isso, mas, naquele momento, as tarefas de repente passaram a ser exclusivamente minhas. Acabei assumindo uma carga bastante pesada, muito mais do que poderia suportar. E aí acabava explodindo, brigando, me desesperando, não porque não tinha mais aquela pessoa ao meu lado, mas porque tentei assumir sozinha uma responsabilidade que não cabia apenas a mim carregar. Eu tentava me virar sozinha com tudo, tentava ser completamente independente e ainda queria continuar vivendo a minha vida, tendo tempo para sair à noite, para me divertir de novo. É claro que você já sacou que equilibrar tudo isso de uma só vez era impossível. E o pior é que a única pessoa que sofria com tudo isso era eu mesma.

Então me dei conta de que não tinha que fazer tudo sem ajuda. Aos poucos, me senti segura para deixar o Davi, ainda tão pequeninho, um fim de semana inteiro com o pai, e ele também se sentiu pronto para assumir essa responsabilidade. E hoje, por mais que a carga da maternidade sempre pese mais em cima da mãe, tanto eu quanto meu ex-marido aprendemos a dividir a tarefa de criar e educar nosso filho. Então, se posso dar um conselho para as mamães que estão lendo este livro é tentar buscar esse meio-termo. É só o pai ter disposição e você dar a oportunidade. Senão, as pessoas ao seu lado se acomodam, já que você sozinha é capaz de dar conta de tudo, e nunca estarão prontas para assumirem uma participação de igual para igual na criação dessa criança.

O maior desafio

No meu caso, o mais difícil de enfrentar a rotina do Davi sem a presença paterna não era não ter com quem dividir as manhas e as birras, os choros e as acordadas do Davi de madrugada e as fraldas a serem trocadas. É claro que tudo isso é desgastante e exige muito de alguém que precisa assumir essa responsabilidade sozinha, mas, para mim, o pior mesmo era depender de alguém para tudo. Lá vou eu falar de independência de novo. Tá, sei que posso soar repetitiva, mas isso é um ponto bem importante para mim. Muito mesmo! Para mim, é muito difícil precisar contar com outra pessoa para poder ir ao dentista, fazer um trabalho fora da cidade, comprar comida no mercado e até para tomar banho, rs... Além disso, ainda queria e precisava continuar vivendo a minha própria vida. Queria sair para me divertir, mas não conseguia. E isso me machucava muito, porque todo mundo precisa do seu próprio espaço, de um tempo para si mesmo. A maternidade já faz com que a gente se doe inteiramente a outra pessoa, mas temos que tentar não nos perder nesse processo.

Quantas vezes chorei calada, berrando por dentro, quando não conseguia fazer o que queria, por não ter a "liberdade" da qual poderia usufruir caso não tivesse filho? Nossa, muitas! Mas aí, segundos depois, já me sentia culpada por tal sentimento, pois, ao mesmo tempo que gostaria de aproveitar essa minha nova fase solteira, de reencontro comigo mesma, também queria vivenciar a minha fase como mãe, que ainda era muito recente para mim. Foi uma enxurrada de sentimentos que precisei administrar. E foi só quando aceitei minha realidade, ou seja, o fato de eu não ser mais "sozinha", é que me tornei a pessoa centrada e realizada que sou hoje. Como disse algumas vezes por aqui, nem sempre as coisas são como gostaríamos e, às vezes, é mais fácil aceitar do que ficar se lamentando.

Junto com a aceitação de que "não estava sozinha", que meu filho estaria ao meu lado para sempre, eu me dei conta de que o Davi não era só meu. E isso mudou tudo! Porque é só quando se divide responsabilidades que a mulher consegue batalhar para ter novamente essa individualidade como ser feminino. Tá, eu sei que não é fácil. A verdade é que a mãe sempre faz um esforço redobrado para encaixar a rotina dela na do filho. Mas nem todas as pessoas à sua volta têm essa mesma disposição e, na verdade, com exceção do pai, nenhuma delas precisa ter.

Aqui preciso fazer um agradecimento enorme. Meus pais, por mais que já tenham uma rotina atribulada, foram um importante apoio nesse processo. Minha mãe, por exemplo, sempre dá um jeito de me ajudar toda vez que preciso. Nem sei o que faria sem ela, sabe? O mesmo digo da minha irmã, que é tia, madrinha e apaixonada pelo meu filho, e sempre se esforça muito para estar presente na vida dele e me apoiar em tudo que preciso. Essas pessoas foram essenciais, assim como o pai do Davi, que, aos poucos, também adequou a sua rotina à vida do nosso filho. A Edjane, que trabalha comigo há tantos anos, é outra pessoa com quem eu sempre podia e posso contar. Ela nunca me negou ajuda, nunca me disse *"hoje não posso, Raquel"*. Ela foi como um verdadeiro anjo em minha vida. Inclusive, é ela quem está olhando o Davi agora, para que eu possa me dedicar a escrever este livro.

Também não posso deixar de registrar todo o apoio que recebi da Evelyn e do Diego, meus grandes amigos, que também me socorriam nas horas mais difíceis. Sem falar em tantas outras amigas de longa data, que já têm seus filhos e conseguem entender cada dificuldade e drama que passo. Essas são as pessoas mais presentes, que sempre estiveram ao meu lado nos momentos que mais precisei.

Sem as pessoas que estão ao meu lado todos os dias, não teria tempo para continuar com o canal e não estaria aqui dividindo essas experiências com vocês.

Abrindo o coração mais uma vez

Todo mundo pode viver outro amor depois que um relacionamento termina. Você só precisa querer e se sentir confiante para colocar uma pessoa nova em sua vida.

Minhas leitoras são muito importantes para mim, e tudo o que faço na internet é pensando em ajudá-las de alguma forma: seja ensinando a fazer uma maquiagem que vai fazê-las se sentirem mais bonitas, seja dividindo experiências para elas entenderem que não estão sozinhas. Nesse verdadeiro bate-papo, costumo receber muitas mensagens e e-mails perguntando o que fiz para conseguir me abrir para um novo relacionamento depois do fim do meu casamento. Bom, fiz o que todo mundo faz: continuei vivendo, buscando a felicidade. Acho que todo mundo passa por essa situação uma vez na vida, de precisar se reerguer depois de terminar um namoro sério, um casamento, ou algo do tipo.

Cada situação é diferente, por isso, antes de continuar a contar a minha história, quero deixar claro que não estou falando que é assim que todo mundo deve fazer, foi só a forma que encontrei de lidar com o meu término, levando em conta a minha realidade.

Agora que isso está claro, vou contar como foi voltar a namorar depois que o Davi nasceu e meu casamento acabou. Como eu que optei em me separar, não tive aquela fase do luto pelo fim da relação que quase todo mundo costuma ter. Naquele momento eu encarava com bastante naturalidade não estar namorando ou casada, porque sabia que, do jeito que as coisas estavam indo com meu relacionamento, não conseguiria me sentir feliz, e isso sempre foi muito importante para mim.

É claro que já fui abandonada por algum namorado antes disso e já vivi esses períodos de profunda tristeza, mas acho que a experiência do casamento é mais impactante porque, mesmo em um fim pacífico como foi o meu, é muito difícil abrir mão de uma relação que você acreditava ser para sempre.

Eu ainda tinha um filho pequeno, então nesse primeiro momento só tentava focar na minha carreira, cuidar do Davi e não tinha muito tempo para pensar em namorar alguém. Como sempre emendei relacionamentos longos, nunca tive esse período para mim, então quis passar essa fase sozinha e aproveitar para me conhecer melhor. Só que é como sempre digo: "as coisas acontecem como elas têm que acontecer". E, pouco tempo depois, uma pessoa especial surgiu na minha vida, e eu comecei a namorar.

Nessa época, eu não podia ficar muito distante do Davi, então era bem raro conseguir sair para me divertir, mas de vez em quando dava um jeito de deixar o Davi com alguém da minha família para poder viver um pouco essa nova fase, pois um dos motivos da minha separação foi porque sentia a necessidade de viver mais, e ficar sozinha em casa com tantas obrigações ia acabar me deixando doida.

Então eu contava com a ajuda da minha mãe e da minha irmã para cuidarem do meu baby, para que pudesse sair de vez em quando, mas, claro, sempre com hora marcada. Afinal o Davi ainda dependia muito de mim. E o mais engraçado é que, na primeira vez que eu saí, já encontrei alguém. Conversamos, ele pegou meu telefone, nós saímos para jantar e começamos a nos relacionar.

Voltando a namorar

Acho que quando a mulher está preocupada em achar alguém deve ser mais difícil, mas em nenhum momento senti a necessidade de buscar outro homem para ocupar o lugar do meu ex-marido, seja na minha vida ou na do meu filho. Eu só busco a felicidade. E, graças a Deus, aprendi que não preciso de homem algum ao meu lado para conseguir isso.

Essa foi uma coisa que o fim do meu casamento me trouxe: a maturidade para entender que sou plena e não tenho a necessidade de alguém me completando para ser feliz. Eu já sou completa! Quando um relacionamento não é bem aquilo que você esperava, não é necessário fazer das tripas coração para fazer com que ele dê certo, muito menos depositar a sua felicidade ou infelicidade em cima da outra pessoa. Às vezes as duas pessoas até se gostam, mas se o timing não estiver certo, é melhor deixar para trás e seguir em frente. Amor não é sofrimento, não precisa ter obrigação.

Namoro sem preconceitos

Muita gente me pergunta se ter um filho atrapalha na hora da paquera, mas acho que, pelo menos na minha idade, ser mãe é algo bem normal. No meu caso, não cheguei a encontrar um cara que não aceitasse isso ou que torcesse o nariz pelo fato de eu ser blogueira e ter a vida mais exposta do que as outras pessoas. Para evitar esse tipo de situação, acho que a mulher, sempre que conhecer uma nova pessoa, deve deixar essas questões claras logo no início, porque assim se o cara não estiver disposto a encarar uma relação dessas, ele já vai embora e não vai fazer falta.

Mas preciso concordar que o fato de uma mulher ser mãe pode tornar um pouco mais difícil para ela encontrar um cara legal, já que os homens têm um pouco de medo de assumir esse tipo de relacionamento, mas é o que eu sempre digo: se a pessoa não te quiser do jeitinho que é, com suas qualidades e defeitos, com filho e todas as outras bagagens que a gente leva da vida, ele não será o cara certo para você. Se valorize e entenda que se ele não quis ficar com você por causa de um motivo assim, ele com certeza não estava pronto para entrar na sua vida.

Pouca gente sabe, mas depois desse namoro, eu me relacionei de novo. Dessa vez preferi ficar quietinha sobre o assunto porque acho que essa primeira relação me ensinou a me preservar um pouco. Graças a Deus meus seguidores são maravilhosos e só me incentivam a ser feliz, mas expor uma relação assim na internet quando se é uma pessoa pública não é tão simples. Agora só vou trazer alguém para a minha vida como trouxe da última vez se for algo sólido. E digo isso não só pensando na exposição das minhas redes sociais, mas também no contato com o Davi, porque ele é muito novinho e, apesar de não ter muito discernimento do que está acontecendo, acho que isso pode mexer um pouco com a cabecinha dele.

Não estou dizendo que me arrependo de ter assumido essa relação depois do meu casamento, mesmo com a possibilidade de as pessoas me criticarem. Primeiro, porque não ligo para esse tipo de comentário, que não acrescenta nada na vida das pessoas. E, segundo, porque foi uma fase muito feliz da minha vida, com uma pessoa que me fez bem e que apareceu em um momento totalmente inesperado, mas sua presença fez com que me enxergasse novamente como mulher.

Curtindo a solteirice

Antigamente, antes do meu casamento, eu tinha essa necessidade de estar sempre com alguém, e costumava emendar um namoro no outro. Sempre fui muito certinha quando se tratava de me relacionar com outra pessoa. Hoje em dia saio com as minhas amigas sem me preocupar se vou ou não conhecer alguém, porque não é esse tipo de curtição que busco, mas sim aproveitar aquele momento com elas. Confesso que oportunidades não faltaram, mas agora procuro um relacionamento mais maduro, com quem possa me divertir, claro, mas que também me ensine a ser uma pessoa melhor.

Será que eu já encontrei? Se sim e, especialmente, se for verdadeiro, em breve vocês saberão. Não quero repetir os mesmos erros do meu casamento e já evoluí muito em vários aspectos, mas ainda tenho muito mais o que melhorar. A vida é assim, recheada de erros e acertos. O importante é sempre reconhecê-los.

Então, se está passando por uma separação e tem medo de ficar sozinha, o que posso te falar é: tire um tempo para se recuperar do baque, seja você quem tenha terminado ou não. Tente colocar na sua cabeça que todo esse sofrimento vai passar, porque realmente vai — olha eu aqui de novo falando por experiência pópria. Não acredita? Então pare e pense: quando a gente é adolescente, o fim de um namoro faz com que fiquemos muito mal, mas, conforme ficamos mais velhas, percebemos que todo aquele drama era desnecessário, não é mesmo? A vida sempre reserva uma surpresa para nós no futuro. Se estiver lidando com essa dor, tente se apoiar nisso. Garanto que vale a pena.

E você se lembra daquilo que falei sobre a autoconfiança? Leve isso para a sua vida! Saia para se divertir com as suas amigas e aproveite esse tempo que Deus te deu para se conhecer melhor. Às vezes, é durante essa fase que vai descobrir o tamanho real da sua força para lidar com os problemas do dia a dia. Eu mesma, sempre que tenho um tempinho sozinha faço questão de aproveitar a vida. Na verdade, mesmo quando estou com o meu filhote sigo essa filosofia, afinal o Davi nunca foi motivo para que eu deixasse de sair e me divertir. Ele é meu parceiro para tudo e me acompanha a todo lugar. Mesmo porque temos que dar valor a cada minuto de nossas vidas, pois o amanhã é uma caixinha de surpresas. Temos que viver intensamente um dia atrás do outro, buscando sempre a felicidade.

Não se feche para a possibilidade de ser feliz. Dê uma chance para que a própria vida possa lhe apresentar uma boa surpresa, daquelas que aquecem o coração.

A armadilha da supermãe

Evite se comparar com outras mães. No fundo, cada uma de nós está ficando um pouco louca com os desafios da maternidade. A diferença é que algumas conseguem enganar melhor.

Ao se tornar mãe, prepare-se: você vai se apaixonar todos os dias. Vai se apaixonar na primeira vez que ele reconhecer a sua voz ou quando começar a engatinhar. É na maternidade que você aprende que é possível amar um pouco mais a cada dia. Se você ainda não é mãe e deseja ser, pode apostar que ainda vai descobrir essa e tantas outras delícias que vêm com o "cargo". Mas ser mãe também ensina outras coisas não tão boas assim, né? Logo nos primeiros dias, quando ainda está aprendendo a trocar a fralda, acertar a temperatura do banho e a diferenciar o choro de fome daquele de cólica, você percebe como a carga em cima de uma mãe é gigantesca.

E, olha, eu acredito que há muitos companheiros, parceiros e pais que se dedicam, que cumprem a sua parte nas maravilhas e nas dificuldades que existem na criação de um filho. Mas não tem jeito, por mais participativa que seja a pessoa que está ao seu lado, por mais que ela se desdobre para dividir esse momento com você, o peso dos cuidados com a criança sempre é maior em cima da mãe, especialmente nos primeiros meses de vida do bebê. É ela quem amamenta, é ela quem mais acorda durante a madrugada, é ela quem fica mais tempo em casa de licença e, por isso, dedica sua manhã, tarde e noite ao bebê. E, ainda assim, é ela quem se sente mais culpada.

Se você é mãe, é bem provável que já tenha caído nessa armadilha também. Acertei? Aposto que sim. Eu, pelo menos, já caí muitas vezes. Eu me sentia culpada quando estava irritada e acabava perdendo a paciência com o Davi e descontando nele toda a minha chateação, mesmo quando ele nem tinha culpa do meu estresse. Também me sentia culpada quando tinha cobranças ou problemas no trabalho e brigava com o meu filho porque ele ficava o tempo todo me pedindo atenção, querendo colo ou insistindo para que brincasse com ele com seus joguinhos. Ou ainda quando perdia a calma e o bom humor por estar atrasada e ainda ter que arrumar o Davi e as coisas dele. Eu me senti culpada por diversas vezes, por diversos motivos.

Não é só você que se sente mal por chorar de soluçar enquanto amamenta o filho porque o seu peito está machucado. Não é só você que se sente menos mãe porque tenta ninar a criança o mais rápido possível para que possa, enfim, descansar. Não, não é só com você. E vou te contar um segredo: é assim com todas nós. Essa é a sua realidade, a da sua vizinha, a da sua amiga e a daquela mulher que você acha que consegue dar conta de tudo: dos filhos, do trabalho, do marido e ainda continua linda. Essa é a realidade de todo mundo, viu?! Inclusive a minha. É, não é porque estou no YouTube que sou uma mãe exemplar, perfeita, padrão de qualidade para outras mulheres por aí... Lembra da nossa conversa sobre vida real? Não tem glamour na maternidade. Ela é gratificante e difícil para todas nós.

Já errei muito e me senti culpada um monte de vezes. Só que hoje não me deixo mais cair nessa armadilha. Pelo menos eu tento. Sabe por quê? Porque agora sei que não existe mãe perfeita, assim como não existe filho perfeito e muito menos relacionamento perfeito. Há mães possíveis, há filhos com qualidades e defeitos e há relacionamentos cheios de altos e baixos. E se dar conta disso é essencial para que consiga se libertar.

Eu, por exemplo, depois de me sentir mal por tudo o que achava que não era, por tudo o que pensava que faltava com o Davi, passei a ver a minha maternidade de outra forma. Passei a enxergar o que de positivo eu fazia e a entender que sou uma boa mãe do meu jeito, ao meu modo. Parei de tentar me encaixar em um molde de supermãe — não sei se você já se deu conta disso, mas ninguém cabe nesse molde — e finalmente entendi que vou me estressar, vou perder a paciência e vou me chatear. Mas o importante é que nunca vou perder o amor ao meu filho e, claro, passo cada dia tentando ser mais paciente e tolerante.

Quando você enxerga que é humana e não uma super-heroína, consegue se dar conta de que todo ser humano erra. Erra e vai continuar errando muitas vezes. E esse entendimento fez com que eu tivesse mais consciência da mãe que sou para o Davi. Uma mãe que é prática e não tem muita frescura, sim! Uma mãe que trabalha e corre de um lado para o outro, sim! Uma mãe que se estressa e desaba de vez quando, sim! Mas uma mãe que ama o filho acima de tudo.

Sei que fugir dessa armadilha é difícil. Às vezes, vejo tantas mulheres que parecem que já nasceram com o instinto do cuidado com o outro aflorado, que acabo me perguntando se eu nasci mesmo para ser mãe. E isso é loucura! Tudo bem que não faço parte do time que sempre sonhou em ter filhos, mas isso não significa que não seja uma boa mãe. O Davi é a prioridade da minha vida e me desdobro todos os dias para poder oferecer a ele todas as oportunidades que tive e, principalmente, as que meus pais não puderam oferecer a mim.

Hoje, sinto orgulho da mãe que sou. É claro que sei os erros que cometo, sei onde peco, onde tenho que melhorar, mas me considero uma boa mãe, porque, quando tenho que me dedicar, me dedico, me desdobro, me esforço. Isso é o mais importante, porque sei que meu filho está crescendo bem, cercado de bons exemplos e muito amor.

Toda ajuda é bem-vinda

Sabe, nós temos que parar de achar que podemos dar conta de tudo sozinhas, que podemos ser a mãe perfeita, a profissional perfeita, a dona de casa perfeita, a esposa perfeita e a mulher perfeita. Nós não podemos e não precisamos ser. Você pode, sim, receber ajuda das pessoas que estão ao seu lado, seja do pai da criança, da avó, da sogra, da tia, da amiga, da babá... E não se sinta mal por isso. Sempre fiz muita questão de me virar sozinha desde que meu filho nasceu, mas a verdade é que o apoio que recebo das pessoas que estão à minha volta é essencial para que possa ter o meu espaço, me sentir bem comigo mesma e, assim, estar bem para dividir meu amor com o Davi.

Então cerque-se de toda a ajuda possível, pois são essas pessoas que vão permitir com que tenha um tempo para si mesma, para que possa se cuidar, se olhar como mulher, dar atenção ao marido ou à pessoa que está ao seu lado. E não deixe de lado as coisas que mais gosta de fazer. Toda pessoa precisa de uma válvula de escape, precisa de um momento para ser ela mesma, para se divertir ou se permitir desabar. Você pode e deve ter seus momentos para extravasar, para ir para o canto e gritar quando parecer que tudo está dando errado, para sair correndo e chorar no banheiro, para sair sozinha e se sentir você mesma de novo, para se arrumar e se achar bonita. Todo mundo precisa disso, não só a mãe, mas qualquer um. E você não pode se sentir culpada por querer isso. E, principalmente, não pode se sentir menos mãe por isso.

A grama do vizinho...

Se a carga de ser mãe — e mais um monte de coisas que a gente é todo dia — já não é pesada o suficiente, nós ainda caímos em um erro ainda maior: se comparar. A gente compara o nosso jeito de criar nossos filhos com o dos outros e aí tudo fica ainda mais complicado. "*Ah, aquela mãe faz daquela forma com o filho dela*". Ela faz porque é o melhor para ela e para o bebê dela. Você com certeza vai achar a sua melhor forma de lidar com os desafios da maternidade e descobrir o que funciona para vocês.

Eu, por exemplo, não sou uma mãe que cerca o filho de todos os cuidados, poupando-o de tudo e todos. Sou aquela que faz questão de dar independência para o filho desde muito pequeninho. Deixo o Davi fazer as coisas para que ele possa aprender por si mesmo. Se ele cai no chão, não vou sair correndo para socorrer. Eu falo: "filho, levanta!". Se ele não consegue brincar com alguma coisa, como, por exemplo, colocar alguma pecinha em um brinquedo e, por isso, começa a chorar desesperado, eu só falo: "*calma, pega o brinquedo de novo, inclina a pecinha e tenta mais uma vez*". Não vou fazer por ele, porque uma hora não vou estar aqui para isso. Sempre tento ensiná-lo a se virar sozinho.

Sou esse tipo de mãe, a que não se abala por qualquer choro e manha do filho. Eu me abalo quando meu filho chora por estar doente, quando ele está com dor, quando naquele momento não posso fazer nada para ajudá-lo. Mas choro por manha, porque está com sono ou por pura birra, não dou trela mesmo. E não me sinto culpada por isso. Sou essa mãe que preza pela independência da criança acima da proteção a todo custo. E isso não é melhor nem pior do que a mãe que faz exatamente o contrário. Esse é o meu jeito de criar o Davi, com base nos valores que tenho, na criação que recebi dos meus pais e no que acredito ser o melhor para o meu filho.

Você tem que encontrar o seu próprio jeito de ser mãe e tenho certeza de que, se ele envolver amor e carinho, vai dar tudo certo.

Maternidade sem julgamentos

Nós julgamos sem nos lembrar de que também seremos julgados, e isso dói, machuca. Se nós não quisermos passar por isso, temos que aprender a não fazer mal para os outros.

Uma das coisas mais legais sobre o meu trabalho como youtuber é que posso passar para as minhas seguidoras as minhas ideias sobre o mundo. Algumas delas são mais descompromissadas, mas de vez em quando eu consigo falar sobre coisas mais sérias, trocar conselhos e tentar fazer desse mundo doido um lugar melhor. Sempre tento fazer isso porque acho que a gente precisa ter um propósito a mais em nossa existência. Tudo na nossa vida precisa ter como ideal fazer o bem.

Uma dessas mensagens que carrego com todo carinho é o respeito. Nós já passamos por muito julgamento desnecessário de pessoas sem noção, então, o mínimo que podemos fazer é respeitar os outros. Sempre penso que não sou ninguém para dizer o que é certo e errado, que ninguém é perfeito e não sou eu que vou apontar o dedo para ninguém. Deus criou as pessoas do jeitinho que elas deveriam ser, e só ele pode decidir se uma coisa está certa ou errada.

Mas, enfim, talvez vocês não estejam entendendo por que toquei aqui nesse assunto um tanto quanto delicado. Eu explico: quando você se torna mãe parece que os julgamentos se multiplicam por mil e pode ser bem difícil lidar com tanta opinião alheia quando você está se dedicando ao máximo para fazer o seu melhor. É impressionante, as pessoas começam a implicar com tudo e algumas até acham que seriam capazes de criar o seu filho melhor do que você mesma. Haja paciência!

Tudo começa na gravidez. A criança nem nasceu ainda e as pessoas já estão opinando no seu dia a dia. O que eu ouvi de "*você pode comer isso?*", ou "*ai, como está magra, nem parece que vai ter filho*" não está escrito, gente. As pessoas de repente se esquecem de que você está sendo acompanhada por um médico, fazendo pré-natal e um monte de exames. Só de te olhar elas já fazem um diagnóstico preciso de que precisa engordar mais porque seu filho pode estar desnutrido. É impressionante! Quem acompanhou meus vídeos durante a gravidez deve se lembrar disso. As pessoas sempre falavam que a minha barriga era pequena, como se estivesse controlando a alimentação para não engordar – justo eu, a pessoa que come o que bem entende e não tá nem aí para dieta, rsrsrs. Olha, brincadeiras à parte, estou aqui para dizer: não faça esse tipo de comentário. Você nem imagina o quanto isso assusta a mamãe que já está preocupada com tanta coisa com relação à gravidez. Graças a Deus, pude ver em todas as minhas consultas que o Davi estava ganhando peso normalmente. Quando dei à luz, tive até um alívio, porque ele nasceu bem gordinho. No entanto, os julgamentos não pararam por aí e continuam até hoje.

Mudando de ideia

Uma coisa que acho engraçada é que antes de ter filho, especialmente na gravidez, a gente pensa direitinho como pretende criar seu bebê. Nós nos impomos regras do tipo *"meu filho não vai ver tevê"* ou *"não vou deixar meu filho comer doce até os dois anos"*, tudo porque vemos outras mães fazendo o contrário e achamos supererrado, afinal, teoricamente não é legal deixar uma criança pequena comer um monte de chocolate. Hoje em dia digo que só quem não é mãe faz esse tipo de comentário, porque a vida real é muito diferente. Honestamente admiro muito as que conseguem manter a palavra, não foi o meu caso em várias coisas. Mas hoje entendo que isso não significa que sou uma mãe ruim ou descuidada, muito pelo contrário. Sempre faço o que está ao meu alcance para dar a melhor educação possível ao Davi, só que entendi que não vou conseguir fazer as coisas como sonhei sempre. É muito difícil dizer que seu filho não pode comer um brigadeiro quando todas as crianças da festinha estão comendo. É mais difícil ainda não apelar para uma Galinha Pintadinha ou Peppa Pig para distrair a criança quando você precisa muito fazer alguma coisa e ela não para quieta. Queria muito não ter que recorrer a essas coisas, mas sendo mãe e solteira é bem complicado.

Sei que tenho muitas seguidoras que também são mães e entendem o que estou dizendo, porque mostro essa realidade nas minhas redes sociais direto e é muito difícil alguém criticar. E hoje em dia, se alguém falar alguma coisa, não me deixo abalar facilmente. É muito fácil opinar sobre a vida de uma pessoa sem saber a realidade dela, sem entender tudo que ela está falando. Sabe, não gosto de injustiças e muito menos de ser julgada por pessoas que não sabem tudo o que acontece na minha vida e tiram conclusões de como devo ou não criar meu filho e se sou ou não uma boa mãe. Ninguém melhor do que eu para saber o que é bom ou não para o meu filho, porque ninguém conhece cada detalhezinho dele como eu e, acima de tudo, ninguém o ama como eu. Por isso acho que sou a melhor pessoa para decidir como criá-lo.

Tá, sei que às vezes as pessoas vêm na melhor das intenções dar conselhos, mas isso é muito diferente de ficar opinando e, pior ainda, julgando as escolhas que a outra mulher faz. Aqui estou falando sobre mães, mas isso é uma coisa que podemos aplicar em todas as áreas da vida, porque ninguém merece gente criticando o tempo todo. Por isso sempre digo, se você não tem nada de bom para falar, é melhor não falar nada. Mesmo que não concorde com o posicionamento de alguém sobre alguma coisa ou ache que uma mãe não está dando tudo de si para criar seus filhos, nunca aponte o dedo para ela. É mil vezes melhor oferecer ajuda do que fazer críticas que não vão resolver nada.

Uma história real

Quando falo sobre isso, sempre gosto de dar o exemplo da minha mãe. Primeiro porque ela é minha mãe e me conhece bem o suficiente para não ficar chateada, segundo porque sei que ela tinha a melhor das intenções quando dizia certas coisas pra mim. Enquanto eu estava grávida, ela sempre puxava a minha orelha porque eu havia comprado várias coisas que ela achava desnecessárias. Aí para justificar o ponto de vista dela, ela vinha com a famosa frase "*quando tive você, não usei nada disso e você está aí, viva, saudável*", rsrsrs. Acho que toda grávida já ouviu isso pelo menos uma vez na vida.

Só que minha mãe engravidou de mim há mais de trinta anos. Naquela época não se usava nem fralda descartável, era fralda de pano mesmo. Gente, de lá para cá a tecnologia criou um monte de coisas que até poderiam não ser supernecessárias, mas me ajudaram muito a cuidar do Davi. Lenço umedecido, babá eletrônica, bomba para peito, sei lá, várias coisas. Sabe, não é porque minha mãe não precisou de nenhum desses itens que eu não vou usar. Eu queria praticidade, e naquela época nem sabia que ia me separar. É lógico que não usei várias coisas que comprei mesmo, mas algumas foram muito úteis e para mim tudo valeu a pena, não me arrependo de nada.

Então, depois de toda essa experiência, nunca mais falo nada sobre o jeito que uma mulher cuida do filho. E acho que todo mundo deveria ser assim. Se a gente se preocupasse um pouco menos em tomar conta da vida alheia, todo mundo sairia ganhando. Sobra mais tempo para ser feliz sem esse estresse desnecessário. Por isso, faço um apelo para você, leitora. Seja você solteira, casada, com ou sem filhos, não seja essa pessoa que fica opinando na vida das outras mães. Quando achar que uma mãe é desleixada porque a roupinha do filho dela está suja, pense em quantas vezes ela já não trocou aquela camisetinha e na pilha enorme de peças que ela tem para lavar. Ou quando perceber alguma criança assistindo à televisão, lembre-se de que a mãe dele pode estar cansada, e realmente precisa daquele tempo para ela mesma.

Eu tenho um certo cuidado em expor o Davi na internet, mas, com a minha profissão e a minha rotina louca, é impossível que ele não apareça de vez em quando nos vídeos. Isso me faz ficar ainda mais exposta aos julgamentos, afinal são milhares de pessoas que assistem aos meus vídeos, acompanham as minhas redes sociais e comentam em cada foto do Instagram. Quando aparece alguma crítica, sempre penso se aquilo tem algo de construtivo, se realmente deveria tomar mais cuidado ou algo do tipo. Mas, quando percebo que é um comentário vazio, só para me julgar, nem perco o meu tempo, especialmente se ela vier de alguém que não é mãe ou médica e não tem a menor ideia de como se cuida de uma criança.

Desde o primeiro momento em que peguei o Davi nos meu braços, ainda no hospital, ganhei uma força enorme, uma consciência de maternidade que só quem viveu entende. É essa força que me guia a ser a melhor mãe do mundo para o meu filho, sabendo o que ele precisa em cada fase da vida dele. Se você também é mãe, essa força também está aí dentro. Por isso, não se deixe abalar pelos julgamentos, não. Sei que tem dias que é difícil, que o cansaço bate e ainda é preciso lidar com uns folgados que ficam só apontando defeitos em tudo o que a gente faz. Mas só de ter colocado essa criança no mundo você já demonstrou uma força muito maior do que eles podem imaginar, e tenho certeza absoluta de que vai conseguir ignorar esses comentários ruins.

Resumindo, acredito que a gente não deve fazer para os outros o que não quer que façam com a gente. Por isso, vamos evitar julgar as outras mães, gente. É tão chato. A rotina de qualquer mãe já é cansativa, não tem nada pior do que chegar ao fim de um dia e ainda ouvir uma crítica. Só existe uma forma de mudar isso: evitando falar mal dos outros. Se você contar e explicar para suas amigas ou familiares como já é dura a rotina de uma mãe, quem sabe um dia, no futuro, uma mulher vai ler esse capítulo e dar graças a Deus por nunca ter passado por isso? Já pensou que maravilhoso? Toda mãe tem em suas mãos o poder de tornar o mundo um lugar melhor: educando seus filhos para serem pessoas boas, respeitosas, tolerantes e felizes.

*A melhor forma de ensinar
é dar o exemplo. Eu mudo, você muda,
nossos filhos mudam e todo mundo pode ter
uma vida muito mais feliz.*

Uma corrente do bem

Conselhos, aprendizados, troca de experiência, carinho, cuidado... Eu só tenho a agradecer tudo de bom que venho recebendo de vocês nos últimos anos. Essa energia positiva é o que faz com que eu esteja todos os dias no nosso canal.

Eu já estava de treze semanas quando contei no blog e no canal que estava carregando o maior presente que a vida me deu. Como contei anteriormente, descobri que estava grávida havia algum tempo, mas esperei passar os três primeiros meses, que são mais delicados para a saúde da mamãe e do bebê, para poder compartilhar essa notícia com meu público. Foi emocionante dividir esse momento tão especial com vocês, que me acompanham de forma tão intensa no meu dia a dia, que já ocupam um lugar especial na minha vida e fazem parte da minha rotina tanto quanto meus amigos mais próximos.

Depois da revelação, recebi tantas mensagens de apoio e carinho que eu nem conseguia acreditar que tanta solidariedade e empatia pudessem existir. Sério, essa lembrança é uma das mais especiais que guardo comigo na minha história como youtuber e devo isso a todas vocês.

Eu me senti completamente acolhida, envolvida em tanto sentimento bom que vocês transmitiam para mim, seja por meio dos comentários no meu canal ou por mensagens em minhas redes sociais. É incrível como as pessoas criam um sentimento tão grande e especial por alguém que elas não conhecem pessoalmente, mas que, na verdade, se sentem íntimas – e realmente são. É um carinho que nasce só pela forma como você se mostra no vídeo e conversa com a câmera ou pelo modo como encara as surpresas que a vida traz. E o engraçado é que me sinto assim também. Eu me sinto próxima das minhas leitoras e seguidoras tanto quanto elas se sentem de mim. Dá para entender? Realmente me sinto conversando com uma amiga a cada vlog que gravo, a cada "Maquia e Fala" e a cada vídeo que faço por sugestão de vocês.

Essa proximidade só se intensificou após contar que estava grávida. Pessoas que antes só me acompanhavam, mas que nunca tinham comentado no blog ou no canal, tiraram um tempinho só para me escrever e me desejar felicidade e saúde para o meu filhote. Junto com tanta energia positiva, vieram as trocas de experiências com outras mamães ou futuras mamães. E essa foi a melhor parte. Tá certo, como falei no capítulo anterior, apareceram vários pitacos e comentários inadequados também, mas a grande maioria das mensagens que recebi foi enviada por pessoas realmente preocupadas comigo, com o meu bem-estar e o do Davi. Muita gente deu conselhos e sugestões que eu resolvi testar logo depois que o meu filho nasceu. Alguns deram certo, outros não, mas isso não importa. O que vale mesmo é compartilhar acertos e erros, dividir preocupações e medos, além de distribuir boas energias.

Virtualmente próximas

Sabe, várias meninas que estavam vivendo a mesma situação que a minha passaram a me escrever para se abrir comigo. Elas diziam: "*Poxa, Raka, isso aconteceu com você? O que fez?*". Eu respondia, explicava, ouvia o que elas tinham a dizer. Essa via de mão-dupla é muito legal. E digo mão-dupla porque, assim que me descobri grávida, também procurei na internet várias orientações de outras mamães para ver como elas lidavam com certas coisas, como elas enfrentavam algumas situações. É muito bacana essa troca de experiências, pois você não se vê sozinha. Acaba descobrindo que tantas outras passam pela mesma situação e isso lhe traz mais segurança para enfrentar qualquer coisa. Inclusive, essa é uma boa dica para quem não tem uma pessoa próxima com quem possa dividir esse momento tão único, quando não se tem para quem pedir conselhos e ajuda. Se você não tem a sua mãe, sua avó, sua sogra ou uma figura que possa ajudá-la nesse período ou em qualquer outro da sua vida, saiba que é possível se jogar nesse mundo virtual e absorver muitas experiências boas por aí.

E isso é bacana, porque, ao ler esses relatos e aprender com eles, de certa forma você se sente mais preparada para os desafios que a maternidade ainda vai colocar na sua vida. Com isso, você consegue se sentir mais segura diante de certas situações, como tratar de uma febre repentina, dar o primeiro banho ou ainda lidar com aquela cólica persistente. Por mais que os médicos nos forneçam todo o conhecimento para enfrentar cada uma dessas dificuldades, convenhamos, nem sempre a teoria é tão aplicável assim na prática. E foi buscando informações e experiências com outras mulheres que me senti mais preparada para ser mãe, o que foi essencial para que eu levasse uma gravidez livre de neuras e pudesse me sentir mais confiante com a aproximação do parto. Sabia que daria conta e que não estava sozinha.

E por isso agradeço a cada pessoa que gastou uns minutinhos para escrever uma mensagem de incentivo para mim, que me desejou felicidades pelo nascimento do Davi e que fez questão de me dar bons conselhos - porque tiveram muitos! - nesses dois anos em que sou mãe. A vocês minha eterna gratidão por estarem comigo em todos os momentos bons e até os mais difíceis da minha vida, transmitindo sempre carinho e muito respeito para mim e ao meu filho. Muito obrigada, de coração...

E eu não poderia terminar este livro sem antes deixar registrada toda a minha admiração pelas mães guerreiras que me acompanham. Meus aplausos sinceros àquelas mulheres que saem de casa todos os dias em busca do sustento dos seus filhos;

àquelas que se dividem em mil para poder dar conta de todas as tarefas do dia; àquelas que saem de madrugada para tomar conta dos filhos dos outros; àquelas que abandonam o trabalho para cuidar de um filho hospitalizado; àquelas que se superam a cada dia para poder dar a seus filhos as oportunidades que não tiveram; àquelas que muitas vezes abdicam da própria felicidade para poder colocar um sorriso largo nos lábios de seu filho, porque não há nada que encha mais de alegria o coração de uma mãe do que ver a felicidade estampada no rosto de um filho.

Vocês, sim, são mulheres fortes, guerreiras,
reais e que merecem toda a minha
— a nossa, aliás — admiração e respeito.

Galera, lembra que eu falei que este livro foi feito para a gente trocar experiências? Agora é a sua vez de contar o que você tem aí guardado no coração. Use estas páginas para registrar as suas melhores lembranças deste lindo período que é a maternidade!

(se quiser dividir estas linhas comigo, tire uma foto destas páginas e compartilhe com a hashtag #RakaNoDivã)

@rakaminelli

@RakaMinelli

Raka Minelli

Rakaminelli

RakaMinelli1

rakaminelliblog.com.br

Primeira edição (março/2017)
Papel de Capa Cartão Triplex Ningbo 300g
Papel de Miolo Off-White Lux Cream 70g
Tipografias Archer, Mathilde e Lato
Gráfica GRAFILAR Gráfica